秋篠宮家と小室家

文藝春秋編

文春新書

1350

はじめに

「このご結婚は終わりじゃない。始まりですよ」

ある秋篠宮家関係者は、自らに言い聞かせるように淡々とそう語った。秋篠宮家の長女眞子さまと小室圭さんのご結婚のことである。どこか予言めいた口ぶりだった。

現在の皇位継承資格者は、秋篠宮、常陸宮、悠仁《ひさひと》さまのわずか三人。次世代に限って言えば、悠仁さまお一人だ。

岸田文雄政権のもと、二〇二一年末には「安定的な皇位継承についての有識者会議」の最終報告書が取りまとめられたが、依然として皇位継承の安定に繋《つな》がる明快な道筋が見いだせていない以上、小室圭さんと眞子さんのご結婚の行方は、皇室の将来と簡単に切り離せるものではない。冒頭の秋篠宮家関係者の発言はそういう意味なのだろう。

本書は、二〇一六年～二〇二二年に『文藝春秋』に掲載された秋篠宮家に関する記事を編んだものである。さらに、右の有識者会議でヒアリングされた東京大学史料編纂所所長の本郷恵子氏に、会議の報告書を受けて新たにご寄稿いただいた。

本書に収録する記事の多くを占めるのが、二〇一七年の眞子さまの婚約内定報道からご結婚に至るまでの一連のできごとに関するものである。小室家の〝金銭トラブル〟をめぐり、大混乱に陥った騒動のさなか、秋篠宮は皇嗣となり、悠仁さまは中学、そして高校の進路を考えていた。秋篠宮家にとって経験したことのない激動の日々だったろう。

反響が大きかった記事の一つに「秋篠宮家『秘録』」（二〇二一年十二月号）がある。眞子さまと佳子さまが結婚によって皇室を「脱出」することを夢見ていたとする証言が紹介されている。お二人が感じられていた閉塞感の正体は何だったのだろうか。

姉弟の「序列」が逆転

あまり指摘されていないことだが、秋篠宮家は悠仁さまの誕生によって、戦後初めて姉弟間の「序列」の逆転を経験した宮家である。

悠仁さまは、二〇〇六年九月六日に誕生した。皇室においては、秋篠宮さま以来、四十一年ぶりの男子だった。

前年の二〇〇五年十一月には小泉純一郎総理大臣が旗振り役を務め、皇室典範に関する有識者会議により、女性天皇や女系天皇を含む皇位継承資格拡大案が取りまとめられていた。悠仁さまがお生まれになるわずか三カ月前には、男女雇用機会均等法の改正法案が成立している。それまで「女性差別禁止」を謳《うた》っていた同法律が、「男女双方に対する差別を禁止」と大きく性格を変えたのである。

その社会的な気運の中で、眞子さまと佳子さまは姉として、現在の天皇、秋篠宮に次ぐ皇位継承順位第三位の立場の弟を迎えることになった。

ちなみに、上皇には四人の姉がいる。しかし上皇の生まれた昭和（八年）と悠仁さまが生まれた平成（十八年）では、女性を取り巻く社会的状況は大きく変わり、その意味は大きく異なるだろう。当時の東宮家や他の宮家（常陸宮家、三笠宮家、桂宮家、高円宮家）を見渡しても、次世代の男子はいない。秋篠宮さまは父親として、東宮家も経験していない難しい舵取《かじと》りを迫られたのである。

次世代の男子がお一人である以上、「皇位継承者であるか否か」の根幹である性別の違いは、様々なところであらわれる。日常における宮内庁職員や国民の視線、「帝王教育」の有無。ご結婚に際しても、男子のお妃選びには宮内庁が大きくかかわるが、結婚して皇室から離れる女子のお相手にはそれがない。多感な年ごろの十四歳の眞子さまと、十一歳の佳子さまはこうした周囲の視線の「変化」を、どのように受け止められただろうか。

かつて、『週刊文春』でお茶の水女子大学附属幼稚園に通われている悠仁さまの独自写真を掲載した折、紀子さまが血相を変えられて「この子は皇位継承者です。もし、カメラではなく銃で狙われていたら……」と一層厳重な警備を依頼されたと聞く。直系の天皇家ではない傍系の宮家が皇位継承者を育てることも、近代始まって以来のことであり、重責である。

秋篠宮は、二〇〇六年、悠仁さまがお生まれになった直後の誕生日会見で「基本的には長女、次女と同じように接するつもりでおります」と語り、皇族の役割について、「社会の要請を受けてそれが良いものであればその務めを果たしていく。（中略）私は女性皇族、男性皇族という違いは全くないと思っております」と語られた。幼い子どもたちの健やかな関係性に、皇室制度の構造による影を落とすことを恐れたのだろうか（皇嗣となられてから、侍従、女官から、男女とも「皇嗣職宮務官」とする改革を断行されたのも、こうしたお考えの延長線上かもしれない）。こうして、秋篠宮ご夫妻は、社会の価値観の変化を敏感に反映しながら自由な子育てを目指され、実行された。

順風満帆に見えた秋篠宮家で、なぜ「眞子さまの乱」は起こったのだろうか。そしてこの度の眞子さまのご結婚はのちのち皇室にどのような影響を及ぼすのか。識者たちの様々な角度からの論考をお読みいただきたい。

秋篠宮家と小室家◎目次

第二章　婚約内定から結婚延期へ

第四章　秋篠宮家「自由な子育て」の源流

第一章　異例の結婚会見

© JMPA　婚姻届提出後に行われた結婚会見（2021年10月26日）

令和の「宮中重大事件」はなぜ起きたのか

保阪正康（ノンフィクション作家）

文藝春秋二〇二一年十二月号

二〇二一年十月二十六日に秋篠宮家の長女眞子さまと小室圭さんとの結婚会見が行われ、最終的に眞子さまは小室眞子さんとして皇室を離れることになりました。九月に「ご結婚へ」と報道されて以来、この二カ月のあいだには、眞子さんの渡米や一時金の辞退、結婚に伴う儀式の中止、そして眞子さんが抱える複雑性ＰＴＳＤのご病気公表など、次々と衝撃的な事実が報じられる中で二人は結婚を迎えました。

ご結婚を祝福する声がある一方で、世間では批判の嵐が吹き荒れたことも事実です。街頭では「結婚反対」を掲げた百人規模のデモ行進が行われ、小室さんの母佳代さんが詐欺罪で刑事告発されました。どちらも一時のから騒ぎかもしれませんが、皇族のご結婚という慶事にもかかわらず、このような出来事が続けざまに起きるなど前代未聞のことです。

今回の眞子さんのご結婚問題が皇室にもたらした影響は想像以上に大きく、このまま推移していくと天皇制の崩壊にも繋がりかねない――そんな危機感を私は抱くようになりました。

天皇家は少なくとも二千年以上の歴史を持ちます。近現代においても、「左翼陣営」が幾度となく「天皇制打倒」を掲げてきましたが、揺らぐことはありませんでした。しかし、それがたった一人、小室圭さんという青年が突如現れたことで、かつてない深刻な危機に瀕しているわけです。喩《たと》えるなら、蟻《あり》一匹が開けた穴によって巨大な堤《つつみ》が脆《もろ》くも崩れ去るようなもので、私にとっては非常に大きな衝撃でした。

何も今日、明日にも崩れるというわけではありません。しかし、「小室さん騒動」は過去をさかのぼっても類例のない、皇室史上初の事件でした。この四年、徐々に広がった国民的な皇室不信は、この先も繰り返し波のように押し寄せ、天皇家を揺るがすことになる懸念もあります。二人の結婚で一件落着とはならず、今回明らかになった皇室の脆弱性への対処を誤れば、五年後、十年後には、巨大な堤を決壊させかねない事件だと思います。

天皇制は「国家主義」から「国民主義」へ

私は昭和史研究が専門で、かつて秩父宮妃の勢津子さまにお話を伺ったり、上皇ご夫妻に面談の機会をいただいたりしたことがあります。そういった時に、はっきりと感じられた「皇族としての誇り」が眞子さんには稀薄な感じがします。これは無視できない変化ですから、今回の眞子さんの結婚問題がどのような意味を持つのか正確に見定め、改めて皇室の歴史の中に位置づけることで、総括する必要があると考えました。そうすることで小室さん騒動の核心を浮き彫りにし、国民と皇室の間に広がった不信の溝を少しでも埋めるための一助になればと思っています。

近代の天皇制を振り返ると、それは「国家主義」から「国民主義」に変化する歴史だったと言えます。

大日本帝国憲法では、天皇は「国の元首」と位置付けられていました。皇后となるお妃は、五摂家（近衛《このえ》家、鷹司《たかつかさ》家、九条家、一条家、二条家）という鎌倉時代から続く公家の名門の家柄から選んでいたのですが、大正天皇のお后だった貞明《ていめい》皇后は、長男である昭和天皇の妻には薩摩藩主島津家の血筋を引く良子《ながこ》女王（後の香淳皇后）を迎え、次男秩父宮の妻には会津藩最後の藩主松平容保《かたもり》の孫娘を、三男高松宮の妻には徳川慶喜《よしのぶ》の孫娘を迎えています。そして四男三笠宮の妻となった百合子《ゆりこ》妃殿下は、明治以降に華族となった高木家のご令嬢でした。

つまり貞明皇后は、薩摩、会津、徳川、華族と明治維新で分裂した国内勢力の融和を図ろうとした。それまでの皇室の習わしに囚われず、国内情勢を察知し、近代国家のリーダーを期待された親王にふさわしい相手を選んだわけで、「国家のための皇室」を演出する政治感覚のある方だったのだと思います。

終戦を機に制定された日本国憲法によって、天皇は「国民の象徴」になりました。戦後の日本人は、昭和天皇の姿に最後まで国家の君主の面影を見たことになりますが、「国民のための天皇家」への変貌に大きく弾みをつけたのは上皇と美智子さまのご結婚でした。日清製粉社長のご令嬢という名家の出身だったとはいえ、旧華族でなく紛れもない庶民出身。世間が新しい皇室を歓迎したのは、国家の頂点にあった皇室が国民の側に近づいたと実感したからでした。

続く秋篠宮も今上天皇もまた旧皇族・華族とは関係のない紀子さま、雅子さまと自由恋愛の末に結ばれ、皇族の結婚は限りなく一般市民の感覚に近づいていきます。これは皇室の国民主義化というよりも、むしろさらに進んだ「市民主義化」と呼ぶにふさわしい状況でしたが、お相手には一定の「ハードル」がありました。

お妃となる女性の家柄や学歴などを重視し、両陛下が納得した相手を迎える。そうした家格を重んじる伝統は皇室に残り続けていました。現に紀子さまは皇族が通う学習院の出身で、父親は上皇ご夫妻や天皇とも交流のあった学習院大学の教授でした。雅子さまもハーバード大経済学部から東大法学部へ進まれ、時の外務事務次官の娘であり、ご本人も外務省を経て皇室入りされています。階層差別、学歴偏重主義と思われるかもしれませんが、「市民主義化」していく皇室の結婚に一定の品位と権威を持たせるための知恵でもあったと私は理解しています。

「大衆化」する皇室

では、こうした皇室の歴史に照らして、今回の眞子さんの結婚がどうして危機と言えるのか。

私が最も驚いたのは、二〇一二年のＩＣＵ（国際基督教大学）の交換留学説明会で、お二人が前後の席に座ったことで親しくなり、交際に発展したという経緯でした。一年後には、わずか二十二歳の若さで小室さんは眞子さんにプロポーズしている。皇室の敷居を軽々と飛び越えて、結婚を申し出る小室さんの大胆さに衝撃を受けると同時に、それに応じた眞子さんにも驚きました。

これまでの皇族の結婚とは明らかに異質なものです。むしろ、それは一般家庭の子弟の結婚と近い。小室さんに敷居を飛び越えられてしまった後、母佳代さんの金銭トラブルが発覚しても、皇室や宮内庁は何ら手を打つことができず後の祭りでした。

最近報じられた眞子さんの渡米、一時金の辞退、儀式の中止という前例なき俗事の騒動の顛末を目の当たりにして、もはや皇室の市民化というレベルではなく、「大衆化」と呼ばざるを得ない状況にまで来ていると痛感しました。皇室と国民の隔たりがほとんど感じられなくなってしまったのです。

今から六十年前に始まった「開かれた皇室」の運命にこのような現実が待ち受けていたことに愕然《がくぜん》とすると同時に、正直なところこのような運命は必然だったのだろうかと思ってしまう節があります。国民主義から市民主義へと一度舵《かじ》を切ったが最後、もはや後戻りはできず、これから先、皇室は際限なく大衆化の道を突き進むのではないかと危惧しています。

この大衆化の過程は、皇室から「聖」なるものが失われていく過程と表現することもできます。というのも眞子さんの結婚は、天皇家が「俗」の世界に絡め取られる過程として理解できるからです。

「聖」たりえる儀式を放擲

天皇家がこの国の歴史に存続しえた理由の一端は、「俗」である我々大衆とは違った存在、つまり天皇が俗世からかけ離れた高みにおられる「聖」なる存在として畏敬の念をもって見られてきたことです。現世の中に別な次元を見ていたのです。

日本人は「天皇家の方々は、社会で生きる自分たちとは違う次元で生きている」ととらえます。この国の中心軸に聖なる存在もいることに思いを馳せることで、俗世であくせくして生きる自分とは異なる、精神的な文化空間を得てきたのです。

皇族が聖なる存在として認識された大きな理由には、経済生産活動に一切、触れてこなかったことがありました。人は労働し、生産し、賃金を稼いで生きています。経済生産活動の中にいれば、当然、競争もあれば争いごともある。皇族は、そんな俗な世界とは無縁の世界におられるからこそ、尊崇の対象になってきました。

秋篠宮が山階《やましな》鳥類研究所の総裁に就かれ、眞子さまが日本テニス協会の名誉総裁に就かれる。このように皇族たちが公務として公益財団法人などの総裁職に就くのは、経済生産活動には触れないための先人の知恵なのだと思います。しかし一方で、小室さんはというと米国留学をして弁護士になろうとしている。弁護士は世俗の係争案件を扱うのが主な職務であり、いわば争いごとの中心に身を置く仕事です。

今上天皇の妹黒田清子《さやこ》さんの夫慶樹《よしき》さんは東京都の職員、高円宮家の典子さんの夫である千家《せんげ》国麿《くにまろ》さんは、出雲大社の権宮司を務めています。このように女性皇族の結婚相手の職歴を振り返ってみても、弁護士はかなり異質な印象です。

もう一つ、天皇家が聖なる存在であり続けたのは、儀式や宮中祭祀をたゆまず行ってきたからでした。儀式・祭祀において、天皇が天照大御神《あまてらすおおみかみ》に拝礼し、国家や国民の安寧を祈ることは、まさに聖なる存在に託された行為でした。しかし、今回の眞子さんの結婚では、納采の儀（結納にあたるもの）や告期の儀（婿の使者が日取りを通知すること）など結婚に伴う一連の儀式が行われないばかりか、朝見の儀のように天皇が執り行う皇籍離脱のための儀式さえも中止することになりました。秋篠宮が「皇室としては類例を見ない結婚」と言った通り、これは戦後初めてのことです。

このことの重大性に皇室関係者が気づいているかどうか。儀式はやってもやらなくてもいい。そんな悪しき前例を作ってしまったわけです。儀式とはそんな軽いものだったのでしょうか。皇室が「聖」たりえるために長いあいだ守ってきた伝統は放擲《ほうてき》されてしまいました。

結婚会見でわかった小室さん騒動の主役

結婚会見でわかった最も重要なことは、小室さん騒動の主役は眞子さんだったということです。眞子さんから「古き慣習に囚われたくない」「米国社会で活躍する夫を支えたい」という意思を感じ取り、自分たちと似た想いでいることに共感していた人も多いかもしれません。しかし会見では、金銭トラブルの話し合いは、眞子さんが「お願いした方向」で進められていたと本人が明かしました。小室さんではなくほかならぬ眞子さんが、佳代さんの元婚約者と争うことを主張していたことになります。

今上天皇の姪、上皇の孫がそんなことを考えていたという事実は衝撃的です。「聖」が「俗」に絡めとられた時、人々が心に抱くのは共感ではなくむしろ失望なのですが、そのことに眞子さんは気づいているでしょうか。

小室さん騒動に端を発した天皇制の危機は食い止めることができるのか。そう聞かれると私はいささか暗澹《あんたん》たる気持ちになってしまいます。

まず、堤に開いた穴を塞ぐのに身を挺して働かなくてはならないのは、政府や宮内庁など側近の役目です。しかし小室さん騒動の中で、彼らがこの穴を塞ごうと積極的に動いた形跡は見られません。

そもそもお二人の交際も、情報を摑んだ週刊誌記者から取材を受けるまで、宮内庁幹部は把握していなかったばかりでなく、その後も秋篠宮の意向を受けてのことなのか、小室さんのことは何も知らないまま婚約内定まで進めてしまいました。佳代さんの金銭トラブルが報じられても、話し合いは秋篠宮ご夫妻と小室さん母子に任せきりで、解決に向けて奔走することはなかった。ただ、マスコミの金銭トラブル追及に期待し、二人の気持ちが変わることを願っていただけのように見えます。

ことなかれ主義の官僚

結婚を正式に発表した宮内庁長官と皇嗣職大夫《こうしよくだいぶ》の会見（二〇二一年十月一日）を見ていて感じたのは、いかにも官僚的な「ことなかれ主義」の姿勢でした。国民的な慶事を演出すべき立場でありながら、眞子さんの病名を明かし、さらに国民やメディアからの批判を「誹謗中傷」と敵対的な言葉で表現してしまう。発言の背後に眞子さんの強い意向があったことはうかがえましたが、そのまま会見で発言してしまったのでは、皇族をお守りすべき側近として役割を果たしているとはいえず、「うつけ者」と呼びたい気持ちに駆られます。

彼らが考えるべきは、こういった発表をした場合、眞子さんが今後、将来にわたって国民にどう見られるか、ということです。病名や「誹謗中傷」といったきつい言葉を世間に投げかけた時どんな反発を受けるのか、容易に想像がつくことです。そこは長官なり皇嗣職大夫なり、経験を積んだ大人が、「それはやめましょう」とか「こうした方が良いです」と進言すべきでした。実際に会見後、世間は納得するどころか、ネット上には批判的な書き込みが溢れ、メディアには眞子さんの病状を疑問視する記事も出る有様です。

本来であれば、たとえ皇族が嫌がろうとも、身を挺してお諫《いさ》めする。それが聖なる皇族をお護りする「臣」の役割です。ところが四年間にわたった小室さん騒動において、側近たちが諫言《かんげん》した形跡はなく、おそらく眞子さんの強い意思を前にどうすることもできず、振り回されるばかり。それではいまの皇室には臣がいないことになります。

戦前の侍従には「死んでもこの人に仕える」との気概を持った人が数多くいました。

私は拙著『秩父宮――昭和天皇弟宮の生涯』(中公文庫)の取材にあたって、秩父宮家に四十年近く仕えた侍従の方に話を聞いたことがあります。その方は、秩父宮家のことは、もちろんすべてを知っているし、「殿下を護るためなら命を棄てる」と断言していました。何も彼は得意げに、そう言ったのではありません。「私は秩父宮家でしか生きられないから」との意識から、ごく自然にそう話したのです。そのような陰ながらの尽力があればこそ皇室の聖性は保たれていました。

内親王としての自覚が感じられない

小室さん騒動で見えてきたのは、側近の問題だけではありませんでした。皇室という巨大な堤に開いた穴を広げてしまうのは、もしかしたら皇族ご自身かもしれないという将来への懸念でした。少なくとも眞子さんが自由を求め、皇室の外に出たいと願ったのは報じられているとおりでしょう。美智子さまも雅子さまも、皇室という特殊な環境の中で苦しまれたことはよく知られています。しかし、眞子さんほど積極的に外に出たいと願い、自由を求めた皇族の登場は初めてでした。

秋篠宮は終始この結婚には反対でしたから、眞子さんを説得し、その気持ちが変わることを願いましたが、父として、また皇嗣としての権威は娘には通用しませんでした。小室さん騒動が衝撃的なのは、このように皇室の権威までも揺るがしたからなのです。

眞子さんの一連の行動を見ていると、天皇家の嫡系である内親王としての自覚が感じられません。皇室にありながら自主性を重んじ、自由を謳歌する――公だけでなく私の部分も尊重する秋篠宮家の教育方針が影響したのかもしれません。父秋篠宮の教育があったからこそ、眞子さんは「皇室を飛び出したい」「自由になりたい」という自分の意思を疑わず、将来を心配する周囲の声を無視することもできたのです。

秋篠宮の自由を尊重する姿勢は、弟宮としての宿命が影響しているかもしれません。兄浩宮《ひろのみや》は将来の天皇として周囲から盛り立てられますが、自分は「兄の控え役」としか見られない。これは秩父宮でもあったことですが、幼い頃から兄との決定的な違いを突き付けられ、複雑な心境になることも多かったはずです。公と私の間で揺れ動きながら皇族らしからぬアンビバレントな態度を取る秋篠宮の姿勢には、そういった成長の過程が影響していると思われます。

二〇二〇年十一月の誕生日会見では、「憲法に基づいて結婚を認める」「本人の意思を尊重する」と容認しながら、一方で「納采の儀はできない」と突き放しました。本心はどちらなのか、国民には理解できませんでした。皇族の結婚は「法的な問題」「道徳的な問題」「歴史的な問題」をよく整理した上で論じないといけません。ところが、その肝心なところが秋篠宮自身の心中でも混乱しているようにみえました。

もしかすると秋篠宮のこうしたアンビバレントな姿勢は、小室さんにも見透かされ、皇室への強い姿勢を取らせてしまったのではないか。私はそう推測しています。つまり、秋篠宮が小室さんを説き伏せようとしても、個人の自由を認める姿勢をみせるかぎり、その言葉は説得力を持ちえないからです。皇族と一般国民はちがうという前提に立たない限り、話し合いは対等なものになってしまいます。小室さんが秋篠宮の意向に気兼ねすることなくアメリカに留学し、秋篠宮家と小室家の対話の機会がなくなったことには、そういった事情もあったのではないかと推測するのです。

天皇家の危機は日本人の危機

歴史を振り返れば、後《ご》醍醐《だいご》天皇が建武《けんむ》新政に失敗した鎌倉〜南北朝時代をはじめ、天皇制が危機を迎えたことはありました。それでも、何とか二千年余も続いてきたのは稀有なことであり、第一次大戦後、ヨーロッパの君主制が次々と崩壊を迎えたこととは対照的です。

それほど天皇家は、日本人と離れがたく結びついてきたわけです。天皇家の危機は日本人の危機でもある。今回の小室さん騒動は、国民の失望であり、悲しみでもあるからこそ、これだけの騒ぎになったのです。

宮内庁長官はじめ宮内庁の官僚たちは、今回の結婚で皇室から「危機」を切り離すことができたと考えているかもしれません。あるいは、秋篠宮もこれ以上長引かせるのは皇室のためにならないと考え、儀式をしないという形でけじめをつけたのかもしれません。しかし、ニューヨークに住んでいても二人の動向は折に触れ日本に伝えられる。眞子さんに続こうとする女性皇族が現れそうな予感もある。皇室の危機は今も内在し続けているのです。

今後、危機に瀕した天皇制をどう立て直すべきか。これまでの「開かれた皇室」を閉じるわけにはいきません。もし俗化し、より大衆化の流れにむかうならば皇室の意味も変わってくる。やはり側近たちが心を入れ換えて皇族方をお守りする。そして時にはお諫めする。この国のために厳しいお立場に立ち、お役目を果たしていただくのですから、皇族方に味方がいないと思わせてはいけません。皇族を孤独にしてはいけないのです。

令和の「宮中重大事件」は多くの教訓を与えていると受け止めるべきです。

皇室からの「脱出」を夢見た眞子さま

文藝春秋編集部

文藝春秋二〇二一年十二月号

「早くここから抜け出して、外の世界に行きたい」

　ある皇室関係者によれば、秋篠宮家の眞子さま、佳子さま姉妹は今から十年ほど前から、そんな想いを強く抱いていたという。

　どこに行くにも四六時中お付きの職員が付いて回り、自分の意思で自由に外出もできない。赤坂御用地という空間でしか生活することを許されない。その息苦しさは大学や高校で、自由に暮らす友人達と接するにつれてより痛切に感じるようになったという。幽閉状態にも近い人生を生きることは、すでに二十歳を迎える頃から二人にとっては耐えがたいことだった。

　姉妹をよく知る人物が語る。

「お二人は、同い年の子よりも十歳以上は精神年齢が上の印象で、窮屈な環境での暮らしにいつも苛《さいな》まれていました。『ここから抜け出したい』という切実な想いは、常にお二人の心の奥底にあったのです。

その気持ちを覆い隠し、父母をはじめ周囲に悟られないために、佳子さまは、趣味のダンスに打ち込まれていた面もあります。ダンスをすれば体力も使うので、自分の苦しい立場を少しでも忘れられたのでしょう。一方の眞子さまは、妹さんより精神的にお強い方ですから、佳子さまほど何かに打ち込む対象がなくても、不安定になることはありませんでした」

まだ高校生だった佳子さまは多感な時期でもあり、精神的な乱れも多かった。この人物に頻繁に悩みを相談し、同時に様々な質問をしたという。「皇族が置かれている立場をどう考えるか」といったことや「男女はどういう考えに基づいて交際するのか」など、話題は多岐にわたった。

そこで話したことを、佳子さまは逐一、姉の眞子さんに報告していた。姉妹は一心同体と言えるほど仲が良く、常に同じ考えを持っていた。ある日、この人物は眞子さんにこう言われたという。

「あなたが妹にアドバイスをしてくださっていたことは、妹から聞いて全て知っています。

私も同じ考えでいます」

一億円超の一時金に目を輝かせた佳子さま

当初は佳子さまのほうが悩みは深刻だったが、次第に眞子さんも自分の心の奥底に隠していた悩みを打ち明けるようになったという。皇室の中で自分たちの絶望的な想いを理解してくれる、数少ない味方だと判断したのかもしれない。

今から十年前の二〇一二年、民主党野田政権下で、本格的な女性宮家創設の議論が開始された。皇族の減少や皇位継承の問題を打開すべく、政府は、女性皇族が結婚後も独立した宮家の当主として皇族であり続けるという案を本格的に検討していた。

当然、秋篠宮家のことも念頭に置いた議論であり、その法案が成立することは、姉妹が今後も半永久的に皇室で暮らすことを意味した。この議論が影響してか、佳子さまの精神的な乱れは、一層激しさを増したという。

「佳子さまは、一生ここから抜け出せないのではないか、という大きな恐怖心を抱かれているようでした。このまま皇室を出られないならば生きている意味はない、と。極端な言い方をすれば、自分で自分の命を絶つ、そんなことも辞さないほど、当時の佳子さまは深

刻な悩みを抱えていらっしゃったのです」（同前）

この人物は様々な話題を話し合うことで、少しでも佳子さまの気持ちを上向かせようとした。その過程で最も説得力を持ち、佳子さまの関心を惹いたのが「結婚」についての話題だったという。

「実は、早い時期からお二人は、結婚して降嫁《こうか》することでしか、皇室を抜け出せないという考えで一致していました。それがお二人にとっての唯一の希望だったのです。しかしそれは二人だけの秘密でした。成年皇族として、今後も皇室を支えてほしい、と期待を寄せる周囲に『本当は一刻も早く結婚したい』などといった本心は決して悟られてはならない。それは二人だけの『脱出計画』のようなものでした」（同前）

ある日、女性皇族が結婚をすると、品位保持のために一時金が支払われ、「内親王であれば一億三千七百万円が支給される」と話したことがあった。すると佳子さまは、

「そんなにもらえるんですか！」

と目を輝かせたという。

それまで両親から聞いたことがなく、高校生にして初めて一時金の存在を知ったのだ。「一億円」という金額があれば、外に出ても心配はないと思われたのかもしれない。すぐ

さま眞子さんに報告され、姉妹の希望の光になった。

秋篠宮家にとって初めての挫折

「その時のことがあったので、今回、眞子さまが小室さんと結婚するにあたり、一時金を辞退されたのは意外な印象でした。ただ、それほど眞子さまは皇室を出たかったのだと思いました」（同前）

姉眞子さんの結婚は、長らく二人が抱き続けてきた悲願の実現でもあった。だからこそ佳子さまは二〇一九年、まだ二人の結婚の行方が見通せず、世間では「破談もあり得る」との論調が少なからずあった中、ＩＣＵ（国際基督教大学）を卒業される際に発表した文書で、

〈私は、結婚においては当人の気持ちが重要であると考えています。ですので、姉の一個人としての希望がかなう形になってほしいと思っています〉

と、姉を強く支持するコメントを出されたのだった。

そして二〇二一年十月二十六日の結婚当日、現在の住まいである御仮寓所《ごかぐうしょ》で、娘を見送る秋篠宮と紀子さまの表情は神妙だった。一方の佳子さまも姉との別れに悲しそうな表情

を浮かべておられたが、最後は思わず両手を挙げ、笑みを浮かべて姉に近づき抱擁した――姉妹の悲願はついに実現したのだ。「皇室脱出」を誓い合った日から十年近い歳月が流れていた。

今から数年前、ある秋篠宮家関係者は不安げな表情で、

「この問題が、秋篠宮家にとって初めての挫折になるかもしれない」

とまるで予言のように呟いた。

「この問題」とは、眞子さんと小室圭さんの結婚のことだ。ちょうど圭さんの母・佳代さんの金銭トラブルが発覚し、世間から二人の結婚に疑問の声が上がり始めた頃のことだった。

三年あまり膠着状態にあった二人の結婚問題は、二〇二一年春ころから宮内庁内で具体的な検討が再開され、九月初めに「ご結婚へ」との報道が出て以降、急展開を見せた。眞子さんは、品位保持のために皇族に支給される一時金を辞退、「納采の儀」をはじめとする結婚に伴う儀式はすべて中止となった。異例づくしの事態に国民の理解が追いつく間もなく、眞子さんは皇籍離脱をして小室さんとの結婚を果たした。

全てが終わった後に、秋篠宮ご夫妻は、「ご迷惑をおかけした方々に誠に申し訳ない気

持ち」「皇室としては類例を見ない結婚」など、およそ慶事には似つかわしくないコメントを発表した。その後悔の念が滲む文面からは、前出の秋篠宮家関係者の予言が親子の反目という形で現実になったことがうかがえる。

眞子さんのことを深く知る、ある宮内庁関係者が語る。

「秋篠宮は今も結婚には納得されていませんが、親子の分裂を食い止めるには結婚を認めるしかありませんでした。それほど秋篠宮ご一家の苦しみは深刻化していたのです。幸せそのものに見えたご一家の親子関係が完全にこじれたのは、今から三年前、二〇一八年のことでした」

「もう駄目かもしれない」弱音を吐いた紀子さま

結婚会見を迎える三週間ほど前の十月一日に行われた、皇嗣職大夫の会見で、眞子さんが「複雑性ＰＴＳＤ」という病気であると発表され、波紋を呼んだ。会見には、眞子さんを診断したＮＴＴ東日本関東病院元精神神経科部長の秋山剛《つよし》医師が同席し、

「二〇一八年から一九年頃にかけ、状況を変えることが困難である、という無力感を感じる状態になられ、結婚後には平穏で幸福な生活を送りたいという願いが、不可能となって

しまうとの恐怖を感じるようになられた」
とコメントをした。

先の宮内庁関係者は、秋山医師が下した「複雑性ＰＴＳＤ」という診断に首を傾げるものの、「二〇一八年から一九年頃にかけ」という時期については、「たしかに眞子さまが不調を訴えていた時期だ」と認める。

二〇一八年に秋篠宮家の内部では一体、何が起きていたのか。

前年末に小室さんの母の金銭トラブルが初めて報じられ、二月にはご結婚に関する儀式の延期が発表された。八月には小室さんが国際弁護士を目指し、米国に留学をしたことが世間に衝撃を与える。金銭トラブルが解決の兆しを見せないままでの突然の留学に、疑問の声が噴出。小室さんへの批判が高まった。

つまり一八年は二人のご結婚が完全に暗礁に乗り上げ、見通しが立たなくなった時期にあたる。

ちょうど小室さんが留学する前後の頃、紀子さまは近しい人物に苦しい胸の内を吐露されている。

「私はもう駄目かもしれない……。もうこれ以上、公務はできません」

悠仁さまは順調に成長し、紀子さまは積極的に公務に臨むようになっていた。皇室という環境になじめず「適応障害」と診断された雅子さまとは対照的に、美智子さまを模範にして公務に励まれる姿は、時に「過剰適応」とも評されたほどだった。

その紀子さまが思わず弱音を吐いたのは、当初は小室さんとの結婚に賛成していたのに反対に回ったことを眞子さんに責められ、自らの判断の誤りに苛まれたからだった。

以来、紀子さまは、近しい人物に不安な心境を吐露されることが増えた。涙を流しながら、止めどなく喋《しゃべ》り続けることもあったという。

眞子さんの結婚に、はっきりと反対意見を述べることもあった。

「お相手の方も問題のある方だから、娘は本当に馬鹿なところがあって、その辺もよく分からないので。私は非常に困っていて……」

そんな母親に眞子さんは反発心を抱かれ、会話を交わすことはほとんどなくなった。

実は同じ夏頃に眞子さんの身にも異変が起こっていた。

この年の七月、眞子さんは日本人移住百十周年を迎えるブラジルへの訪問が予定されていた。それに備えて、直前には宮内庁病院で検査を受けている。その際、体の不調を訴えられ、「きれいに隅々まで検査をしてほしい」というのが本人の希望だった。ただ結果的に身体的な異常はどこにも見つからなかった。

この時、眞子さんは精神面での不調も訴えられている。ある近しい人物に、「食欲がなくて、いつもと違う感じがする」と相談を持ち掛けた。その人物は、「これだけご結婚のことが批判的に報じられていて、影響を受けない人なんて、この世の中には誰もいませんよ」と言って励ました。

眞子さんは「もちろんそれもありますが……」と一度は納得の表情を浮かべたものの、すぐさま堰《せき》を切ったように、自身の本当の悩みを打ち明けたのだった。

「『夕食時など家族で団欒《だんらん》をしている際に、自由に話ができないことが苦しい』とおっしゃいました。秋篠宮さまは家長としてのお立場上、眞子さまに話しかけづらい。一方、紀子さまは結婚には絶対反対なので、眞子さまのほうが会話をされたくないわけです。妹の佳子さまは、お姉さまの味方なので、眞子さまに同調して両親と話そうとはされなかったそうです。

眞子さまがいちばん懸念されていたのは、悠仁さまへの影響でした。自分たちのギクシャクした関係が悠仁さまに伝わってしまう。それがまだ小学生だった弟の心に、どれほど深刻な影響を与えてしまうか、考えただけでもつらい、と。だから自分を偽って、紀子さ

まとはまるで仲が良いかのように振舞っている、そうおっしゃっていました」（同前）

悠仁さまに起きた異変

秋篠宮邸では、ご家族一人一人の好みに合わせて、料理の温度を微妙に調節するのが決まりだった。

そばのキッチンで大膳《だいぜん》課の職員が料理を温め直していると、まだ小学生だった眞子さんが駆け寄り、「今日の晩ごはんは、何ですか？」と無邪気に尋ねる。そんな姉の陰に隠れて、後ろから控え目にのぞき込むのが妹の佳子さまだった。秋篠宮はソファに腰かけギターをつま弾きながら、料理がテーブルに配膳されるのを待っていた。

しかし、二〇一八年の段階ではそのような光景はすっかりなくなり、食卓は重々しい沈黙に包まれていた。眞子さんの懸念した通り、悠仁さまは、そんな家庭の異変を敏感に感じ取っていた。

ある日の夕食でのこと。紀子さまは、悠仁さまが料理を食べ残しているのに気づき、

「今は成長する時期なのだから、出された食事はちゃんと全部食べなきゃ駄目よ」

と叱った。悠仁さまは気が進まないようすだったが、残さず食べ切ったという。だが、

母親が席を外していなくなると、食べたものを吐いてしまった。

　そばで一部始終を見ていた眞子さんは衝撃を受け、介抱しながら、「どうしたの？　大丈夫？」と声をかけた。悠仁さまは「ちょっと調子が悪いだけだよ」と答えたという。眞子さんはこの時、自分のことがきっかけで起きた家族の不和が幼い弟の心を蝕《むしば》んでいる、と思ったようだ。いつも家族に気を配ってきた「しっかり者」の眞子さんにとっては、つらく苦しい出来事だった。

「しかし、眞子さまは、非常に芯の強い方です。当時は小室さんがどんなにマスコミに騒がれようとも、『彼は何も間違ったことはしていない。個人の人権が尊重される時代にあって、なぜ、ここまで寄ってたかって批判されなければならないのか』と心底疑問に思われていた。ですから、思い悩まれる家族を心配しながら、それでも結婚を諦めるという発想は眞子さまの中になかったはずです」（同前）

眞の字にこめたこだわり

　眞子さんの「眞」の字は、正式には「目」の字が下の部分に付いた特殊な字であることはあまり知られていない。

「秋篠宮さまが名前を下賜《かし》される際、娘が将来、自分の名前の『目』の字を見て怖がるといけないから下に付けてくれと言ってきた。自分は何でもできるという秋篠宮さまの性格が現れていると思いました」

とある学習院関係者は語った。

現に宮内庁のホームページの「ご略歴」を見ると、作字したせいなのか「眞」の字だけが異様に大きく膨れ上がって表示されていることが確認できる。

候補となった御名前の調査に協力した元宮内庁書陵部編修課長の米田雄介氏が当時を振り返る。

「秋篠宮さまが言われる『眞』の字は特殊だったので、作字にするか世間にならった通常漢字に変えるかで議論になった覚えがあります。

官報に載せて公表する必要があるので、最終的には当時の大蔵省印刷局に『どうしたものか』と相談しに行きました。そうしたら担当者が官報でも『眞』の特殊な文字を使用できると教えてくれて、ホッと安心したんです。ただ、当時の秋篠宮さまの漢字へのこだわりや頑《かたく》なさは不思議に感じました」

秋篠宮の長年の友人がこう語る。

「一度決めたことを絶対に譲らなかったり、皇族として前例破りの行動であっても敢《あ》えてやってみせたりするところは、秋篠宮さまと眞子さまは親子でうり二つです。秋篠宮さま自身も、紀子さまとの結婚を決められた際には、『昭和天皇の喪中なのに』とか、『兄の浩宮よりも先にするなんて』などと世間からのバッシングがありましたが、本人の意思は揺るがなかった。

学生時代には自ら、『自然文化研究会』という新しいサークルを作って旅行に出かけたり、自分の興味がある生物学を学ぶために他大学の教授を招いて講義を聞いたり、一緒に飲み会を開いたりされていた。前例にとらわれず、自分の思うがまま、自由に振舞うことがお好きなのです。今回の一連の騒動を見ながら、そういった面が眞子さまにもしっかり引き継がれていると思いました」

父娘の関係が一変した誕生日会見

今から一年前の二〇二〇年十一月、眞子さんは「ご結婚についてのお二人のお気持ち」と題された文書の中で〈(結婚は) 自分たちの心を大切に守りながら生きていくために必要な選択です〉と記し、皇族としては珍しいほど強い意志を示された。

そして翌年四月、小室さんが金銭トラブルの経緯を説明する二十八枚の文書を発表。その際には、皇嗣職大夫が会見で、金銭トラブルについて「何の話し合いもせずにお金を渡すことは選択しないという基本方針は、眞子さまの意向が大きかった」と明かして世間を驚かせた。

一八年から二〇年にかけて、なかなか金銭トラブルが解決のきざしを見せないことから、世間では「小室さんのせいで眞子さまが可愛そう」「小室さんに洗脳されている」と同情的な報道が繰り返された。それは眞子さんが幼い頃から公務や祭祀に積極的で、上皇ご夫妻にも特に気に入られ、国民にも「成年皇族の鑑《かがみ》」として認められてきたからだ。

しかしこの三年間、文書が出され、会見があるたびに、眞子さんのイメージは少しずつ変わって行った。

「眞子さんは小室家側に立ち、トラブルとなっているお金も返さなくていいと思っている」ということが徐々にわかってきたのだ。そして迎えた十月二十六日の結婚会見で、眞子さんは自らこう宣言した。

「婚約に関する報道が出て以降、圭さんが独断で動いたことはありませんでした。例えば、圭さんのお母様の元婚約者の方への対応は私がお願いした方向で進めていただきました。

圭さんの留学については、圭さんが将来計画していた留学を前倒しして、海外に拠点を作って欲しいと私がお願いしました」

一連の騒動において、眞子さんが積極的に主導していたことを自ら認める内容だった。

秋篠宮は、娘の意志の強さをよくわかっていた。だからこそ当初は静観する姿勢で、眞子さんの気持ちが変わり、娘の方から相談に来ることを待っていたようだ。

「頭ごなしに結婚を止めるようなことをしては、かえって眞子さまが意固地になってしまう。そう思って娘が考えを変えてくれるまで距離を置いて見守る姿勢を取られていたのです」（前出・秋篠宮家関係者）

眞子さんは、小さい頃は「パパっ子」として有名だった。父娘ふたりで秋篠宮が設立を提唱した生き物文化誌学会に参加したり、一緒に海外に行ったりする姿を見せるたびに関係者は目を細めていた。

ところが一八年十一月の誕生日会見で秋篠宮が「納采の儀は行えない」とはっきりと反対の姿勢を示したことがきっかけで、父娘関係は一変する。

「秋篠宮さまが態度を変えられたのは、上皇ご夫妻の『結婚に反対』という意向もあったようにお見受けしました。秋篠宮さまの本音としては、娘の意思が変わるまで待ってあげたいというお気持ちもあったようですが、ご両親の意向は無視できません。まさに板挟みの状態になり苦悶されていた」（皇室関係者）

この会見を機に眞子さんは固く口を閉ざし、父親と話をしなくなったという。

「眞子さまはもう大人ですから、父親の置かれた状況は理解されていたようです。現に私には、『父の立場上、会見での発言は仕方のないことでしょう』とおっしゃっていました。ただ、あの会見以降、秋篠宮さまは、はっきりと結婚反対の側に立場を変えられました」（同前）

他の男性との出会いを模索

秋篠宮の周囲では、眞子さんに新しい出会いの場を作ってはどうかという話も持ち上がった。

「眞子さまは、大学を卒業されてから、同世代の男性と出会う場がほとんどありませんでした。小室さん以外にも世の中には、いい男性がいっぱいいる。出会いさえ作れば気持ちは変わるのではないかと。それでしっかりした家の子弟が集まる会合の場をセットしてはどうかと考えたのです。そうすれば、眞子さまもいずれ小室さんのことを忘れてくださる

だろうと」（学習院関係者）

ちょうど高円宮妃の久子さまが娘の絢子《あやこ》さんに守谷《もりや》慧《けい》さんを紹介して結婚までこぎつけたことが念頭にあった。会合や行事をセッティングして、参加者の中からふさわしい人物と娘を引き合わせる。そんなことをイメージしていた。

しかし、結局、小室さんのことを想い続ける眞子さんは、他の男性とお会いする気もなかったようだ。

秋篠宮は、そんな眞子さんのことを「柔軟性がない」とこぼしていたという。

だが、前述した通り眞子さんの意志の強さ、頑なさは父親譲りの側面もあった。秋篠宮は、皇室という伝統を重んじる世界においても、前例は必ずしも尊重するものではなく、時と場合に応じてルールを変えられるものだという信念をお持ちだといわれる。それが時には、周囲を慌てさせることもあった。

例えば、新天皇の大嘗祭《だいじょうさい》について、「皇室祭祀に公費を支出することは避けるべきではないか」と宮内庁に懸念を伝えたことがあった。その際には、「宮内庁長官が話を聞く耳を持たなかった。そのことは私は非常に残念なことだったなと思っています」とお誕生日会見で明かして物議をかもしている。

皇嗣として侍従と女官を廃止

平成から令和への御代替わりにともない、二〇二〇年十一月には、秋篠宮は正式に皇嗣になった。皇嗣とは、皇太子と同じく皇位継承順位一位であり、皇族費は増額され、秋篠宮邸も改築されて東宮御所と同様の広さに拡張される予定だ。宮家時代は二十人余りだった職員数も、五十一人にまで増員された。

秋篠宮家には、側近として宮務官と侍女長が置かれていたが、皇嗣家になるにあたって、天皇家や皇太子家と同じく侍従（長）と女官（長）が置かれる予定だった。しかし秋篠宮は猛反対したという。

「皇太子家では、侍従が男性皇族のお世話をし、女官が女性皇族のお世話をするのが決まりなのですが、名称を男女ともに『宮務官』に統一することで仕事が分断されるのを防ぎ、女官も殿下の仕事をやり、侍従も妃殿下の仕事をやるといった形にした。いわばジェンダーフリーに仕事をするように主張されたのです。

侍従には伝統的に決まった仕事、女官には女官の仕事があるので引継ぎにも困るのですが、秋篠宮さまは、新しい名称に変えることに執拗なまでのこだわりを見せられていたの

です」（前出・秋篠宮家関係者）

侍医に関しても、皇嗣家となると体制が大きく変わる。宮家には侍医は配置されないが、皇嗣家には侍医長をトップに、その下に三名の侍医がつくことが決まっていた。

しかし、秋篠宮は「侍医長や侍医という名前はどうもピンとこない」と言い出し、「医官」「第一医官」など新しい案を出しては、二転三転して中々決まらなかった。

当時の山本信一郎宮内庁長官は、「役職の名前は、仕事の内容にもかかわる。皇太子の時と同じにしないと説明がつかない」と言って頭を抱えていたという。

結局、医師の役職名は「侍医（長）」のままとすることで落ち着いたが、話が元に戻るまでに一年近くもの歳月を費やした。

さらに皇太子待遇になれば、内舎人《うどねり》や女嬬《にょじゅ》など、日常のお着換えの用意や掃除など身の回りのことを手伝う職員もつくが、秋篠宮は、そういった職員が自分の生活空間に入ってくることに抵抗を示したという。

「秋篠宮さまには、自分仕様にルールを変え、自分ならではの独自なことをしないと気が済まないところがあります。皇室に新しい風を吹き込む改革として評価する向きがあるのも事実です。しかし、それらはいずれも弟宮として、兄・天皇との違いをどうしても出し

たいという、ある種の強烈なコンプレックスの裏返しにも見えてしまうのです」（同前）

お茶大に送り込まれた〝密使〟

秋篠宮は、眞子さんや佳子さまをＩＣＵに通わせ、悠仁さまをお茶の水女子大学附属小学校に通わせた。そうした従来の皇族とは違った〝脱学習院〟路線も、皇室改革として賞賛された時期もあったが、その陰で秋篠宮がルールを変更したために、様々な軋轢《あつれき》が生じていたこともまた事実だ。

例えば、現在悠仁さまが通うお茶の水女子大学附属校と、筑波大学附属校との間で締結した「提携校進学制度」も批判の対象になった。両校の生徒が若干名ずつ、もう一方の提携校に進学できるという制度である。この制度は二〇一七年に設けられ、当時お茶の水女子大学附属小学校に通っていた悠仁さまを筑波大学附属中学に進学させるためにつくられた制度とみられている。

皇室関係者が語る。

「鉄鋼メーカーの元社長だった人物が二〇二一年三月まで六年間、『学長特別顧問』という役職に就いていましたが、この人物がお茶の水女子大学に送り込まれた宮内庁の〝密使”でした。提携校制度をはじめとする筑附側との調整にも尽力しています。（お茶の水女子大学広報は「（件《くだん》の学長特別顧問は）提携校進学制度に携わっていません」と回答）また以前、お茶の水女子大学の企画戦略課長としてマスコミ対応などにあたっていた女性が秋篠宮家に引き抜かれ、御代替わりのタイミングで皇嗣職宮務官に就いています」

　こうした学校内部まで介入してしまうことに関しては、様々な批判があり、悠仁さまの中学進学の際には、小室家の金銭トラブルが物議を醸している最中だったため、筑附中進学は見送られたと言われている。

　秋篠宮家関係者が語る。

「悠仁さまは上辺だけの理解ではなく、突き詰めて納得がいくまでとことん考える姿勢が、お父さまにそっくりです。中学に進学される頃からは、紀子さまも悠仁さまに言い負かされるようになっていました。紀子さまが『伝統でこうするものよ！』とか『こうなっているのよ』と叱られても、論理的な説明でないと納得されない。『なぜ？』『どうして？』と質問を繰り返されるのです。それで紀子さまは答えに窮してしまわれる」

　悠仁さまは、二〇二二年春から高校に進学されるため、提携校進学制度で筑波大学附属高校に進学されるのか、再び注目が集まっている。だが中学進学時と同様、眞子さんの結婚が賛否両論を巻き起こしている時期に重なってしまった。

「悠仁さまは、将来必ず天皇になるお方です。秋篠宮さまにお任せすると、眞子さまの件のようなとんでもない事態になりかねない。そんな心配をされる声も皇族方から出ているようです。やはり学習院に戻すべきではないかというご意見もある。きちんとしたご学友に囲まれて、宮内庁とも連携が取れる学校は学習院しかないと思います」（同前）

*

奈良県の生駒山の緩やかな斜面を降りた先に、古都の佇まいを残した「秋篠の里」がある。今から三十一年前（一九九〇年）に、秋篠宮が新宮家を設立する際に、選定された宮号「秋篠宮」の由来となった土地だ。

宮号の選定に携わった前出の元宮内庁編修課長、米田氏が明かす。

「秋篠の里は静かな田園地帯で、平城京跡が付近にあり、あの西行法師が好んで訪れたというだけあって雰囲気もよかった。この秋篠の里には秋篠川という川が流れていますが、実は当時、河川の水質汚染が騒がれていた時代だったので、こっそり調査に行って源流から汚染されていないか目視で確認しました。辺り一帯はとてものどかで、清らかな川が流れていたことを覚えています」

秋篠宮家が再び秋篠の里のように清らかな日々を取り戻すのはいつになるのだろうか。

第二章　婚約内定から結婚延期へ

© JMPA　2017年9月3日の婚約内定会見

小室さんの登場で「女性宮家」は消えた

岩井克己（ジャーナリスト）
所功（京都産業大学名誉教授）
保阪正康（ノンフィクション作家）

文藝春秋二〇一七年七月号

保阪　二〇一七年五月十六日に秋篠宮家の眞子内親王がご婚約されるという報道がありました。

今回の報道に関しては、前年七月の「退位のご意向」報道のときのように宮内庁から「報道されたような事実は一切ない」といった反発もなかったので、皇室の中にも、若いお二人の恋愛結婚に「二人の恋を実らせたい」という共通見解があったのかなと思いました。

岩井　いまの皇室には、皇族といえども一人ひとりの人としての自然体を尊重する雰囲気がありますから、それは今回もそうだったのではないですか。

私が記者として追いかけた秋篠宮ご夫妻の場合は「大学キャンパスの恋」「３ＬＤＫのお妃さま」と言われましたし、黒田清子さんもお相手は都庁職員で、兄の秋篠宮さまと小学校時代からの親友でした。

保阪　そういう意味では、普通の人とあまり変わりませんね。

岩井　ええ、一貫してご本人方に任せておられるから、多少の心配事があっても「ちょっと待て」とはおっしゃらないでしょう。

秋篠宮家はお子さまの教育に厳しいといわれますが、鞭《むち》で叩くような厳しさではありません。よく聞くのは、皇族であると同時に一人の立派な社会人であることが最低限の条件だということです。その一方で、立場の自覚と自分自身の問題意識をもつことも大切だというお考えで、バランスが取れているように思います。

眞子さまは二十歳になってから公務を積極的に務めて来られたし、皇室の伝統・文化とか、博物館学にも興味をもって深めようという姿勢も持っておられる。そういった面での信頼は皇室内にもあるはずです。

保阪　お相手の小室圭さんは眞子さまのＩＣＵ（国際基督教大学）の同級生ですが、小さい頃にお父さんを亡くされたりして苦労されたようですね。

岩井　報道があった翌日に記者に囲まれていましたが、受け答えする姿は、誠実そうな好青年だと世間の印象も良かったのではないでしょうか。

所　私も若いお二人の姿がテレビに映し出されたのを拝見して、大変よろこばしいことだと感じました。ただ、その一方で考えましたのは、現憲法の下でも、皇族は明らかに一般国民とは違って特別の身分にあるという大前提です。一般国民と同じ自由が享受できないのはやむをえないことですし、そういうご身分のことを度外視してはいけないのではないかという思いです。

今上陛下（現・上皇）の場合も、皇太子殿下（現・天皇）の場合も、出会いは恋愛かもしれませんが、最終的には周囲によって〝整えられた結婚〟だったとみられます。

伝えられるところ、眞子内親王と小室圭さんは、二〇一二年にＩＣＵで出会ってから一年後にはプロポーズされ、その後も自由な交際をつづけて来られたようです。

ある意味、それは国民の憧れかもしれません。しかし、それでいいのかなという疑問が残るんです。やはり皇室に生まれた以上は特別な身分ですから、公的な立場と務めをみなさん共有しておられる。そうであれば、結婚という問題も、やはり完全な自由ではあり得ないのではないかと思われます。

弁護士という職業への不安

保阪　私も所さんの心配にはいくつか同感するところがあります。例えば、内親王と結婚するとはどういうことなのか、それから、この結婚はどういう意味を持つのかということを、小室さんはどこまでお考えなのだろうかと。失礼かもしれませんが、その点については説明がなかったために、大丈夫かなといった不安感みたいなものは残りました。端的に言えば、例えば、経済的に自立できるのだろうかということもありますね。

岩井　報道によれば、都内の法律事務所で働きながら、一橋大学大学院で経営法務を学んでいるそうです。将来は国際弁護士を目指しているとか……。

保阪　パラリーガル（弁護士の指示・監督のもと法律事務に携わる専門職）という言葉は初めて聞きましたけれど、実際に資格をお持ちなわけではないし、まだまだ経済的には不安定な立場ですね。

岩井　その前にいた三菱東京ＵＦＪ銀行でどんな仕事をしていたのかもわかりません。弁護士を目指すなら普通はロースクールなのでしょうけれど、一橋で通っているのはそういうコースではない。将来について迷われてきたのかもしれませんが。

保阪　小室さんは記者の質問に「時期が参りましたらお話をさせていただきたい」と繰り返してほとんど話しませんでしたが、あれは宮内庁から事前にレクチャーがあって止められたんでしょうか。

岩井　それはわかりませんけど、国際弁護士を目指しているのかという質問に対して、「これからいろいろ考えていきたい」と答えていました。自分自身がめざす道がある一方で、内親王とご結婚するということをしっかり受け止めている感じはありました。いずれにしろ、もう少し詳しく会見でうかがってみたい感じはしました。

保阪　こんなことは余計なお世話かもしれないんですが、将来弁護士になられても、ちょっと心配だとは思ったんですよ。まだお若いこともありますけれど。

過去の内親王のお相手は、陛下の妹の貴子さんと結婚した島津久永氏が政府系金融機関、三笠宮家の甯子《やすこ》さんと結婚した近衛忠煇《ただてる》氏は日本赤十字社に勤務というように、皇室の中には、お相手は公的な仕事が無難だという暗黙の了解があったように思います。その点、弁護士というのはちょっと違う形ですね。かなり生々しい社会の矛盾なり現実を背負う職業ですから。

所　私も長年、法学部で教えて来ましたから、弁護士稼業にまつわる裏表の話はよく耳にします。どういう形であれ、要するに権利を主張して争う仕事ですから、当然、利害が絡んでくる。杞憂《きゆう》かもしれませんが、それに巻き込まれないだろうかという心配があります。

保阪　そういうことを考えると、皇室から完全に離れてしまうというのもどうかなという気がしてきます。

降嫁して苦労した内親王たち

岩井　過去の例をみると、内親王はみなさん出られた後、それぞれ苦労されている。昭和天皇の長女・東久邇《ひがしくに》成子《しげこ》さんは早く亡くなられたし、三女の鷹司和子さんは夫の変死や強盗事件に遭ったりして、晩年はのちに秋篠宮邸となった職員住宅でひっそり暮らしていた。いまの陛下のお姉さまにあたる方々ですが、そういったことを振り返ると御心配な面はあるはずです。

保阪　私も以前、陛下のもう一人のお姉さまの池田厚子さんの周辺の方々にお話をうかがったことがあります。やはりいろいろなご苦労はあるようでした。

眞子さまには、皇族として強い使命感なり認識なりがおありだと思いますけれど、あの年齢の女性が恋愛しているときは、やはりお相手の方に一生懸命になるのが普通です。しかしご結婚となれば、お二人の関係にとどまらず、弟の悠仁さまや皇室を支える一員としてこの先もずっと広がっていく内在的な使命までを含んでいる。

所　小室さんも内親王を迎えるということの重大さを一応おわかりだと思いますが、より深く考えられるため、もう少し時間をかけられたら、おそらくご当人にとっても、あるいは秋篠宮家にとっても、ひいては皇室全体にとっても、よかったのではないか。これは報道する側の問題かもしれませんが、やや急いで公にされてしまったような気がします。

岩井　所先生のご心配は十分わかります。それは小室さんの側以上に、眞子さまやご両親の秋篠宮ご夫妻が深くお考えでしょう。それはいずれ会見などでお話しされるのではないですか。一般の方たちも現時点では、「ご婚約されるのはよかったけど、この先はどうなるんだろう」みたいなモヤモヤ感があると思いますから。

所　読売新聞によれば、秋篠宮ご夫妻は、「結婚は成年皇族として活動して、国民に恩返ししてから」というお考えを伝えていたようです。眞子さまも、その教えを守って、公務に五年間励まれたのだろうと思います。「恩返し」という言葉を使われたことはよかったと思いました。

「眞子さまドミノ」が起るかもしれない

岩井　今回の報道は、ちょうど国会でご退位の特例法案にほぼ目途がついて、いわゆる「女性宮家」の問題もふくめた付帯決議について与野党の綱引きが始まろうとしていた絶妙なタイミングで報じられました。

　そういう意味では、寝耳に水というか、一瞬「嘘だろ」と思ったほど驚きました。もし新しい制度が整えば、「女性宮家」の当主第一号は眞子さまだろうとイメージしていたのは、私だけではないはずです。その眞子さまがこんなに早く結婚されて皇室を去ることは、正直なところ想像していなかったですから。

所　私もびっくり仰天しました。「退位のご意向」報道と並ぶほどショックを受け、同時に、これから皇室はどうなるのだろうかという懸念が沸き起こってきたのです。これを機に、未婚の皇族女子がどんどん自由に恋愛結婚してしまわれるかもしれない。そうしたら二十年後の皇室はどうなるだろうかと。

岩井　私もそのことを考えたんです。これから先「眞子さまドミノ」あるいは「離脱ドミノ」のようなものを覚悟しなければならないのかなと。

このニュースは皇室側がタイミングを計って出したのか、メディア側が計って出したのかはわかりません。しかし国会の議論には間に合うギリギリのタイミングでした。さまざまな勘繰りが出てきて当然でしょう。

保阪　そうですね。実際、そのことを慮《おもんぱか》るべきだという関係者の声も聞きました。「生前退位のご意向」の報道と同様に今回もＮＨＫの報道ということで何か意図があるのかなとつい思ってしまいました。

岩井　やはり付帯決議に何らかの影響を与えようとしたのでしょうか。皇族方ご本人でなくても、宮内庁関係者や周辺の人間がそう考えたのかもしれない。

あまりに不思議に思ったんで、それ以外に、このタイミングに出る理由が何かあるだろうかと考えてみたんです。大きな節目としては、来年（二〇一八年）の暮れにもご譲位がありますね（編集部注：実際には二〇一九年五月一日に新天皇が即位された）。そうすると眞子さまは皇室を離れるにあたって、祖父母にあたる両陛下からお許しをいただくのか、伯父さまである皇太子からいただくかの違いはある。それで両陛下からお許しを得たいから早くニュースが出たのかなとも思いましたが、それならば今年（二〇一七年）九月ぐらいの報道でもよかっただろうと思って、この説はないなと。

所　ご譲位の問題に特例法で対応されたら、続けて皇族数の減少にかかわる問題をしっかり進めてほしい、ということでしょうか。

たしかに皇室制度の改革を進めるならば、早いに越したことはないわけですから、何とかしてほしいという思いの表れかもしれません。

皇族女子の身分保持の検討を

保阪　実は先日、民進党のある政治家から電話があって、「ご婚約をこの時機に発表するのはどういう意味があると思うか」と聞かれました。

野党側の彼らとしては、付帯決議に女性宮家創設を盛り込みたいので、皇室のサポートも期待していたのかもしれません。その後、付帯決議には「女性宮家の創設等を検討する」と明記することで自民と民進が合意しましたが、議論の過程を見る限り自民党内には根強い反対意見がありました。

所　皇族数の減少という課題は、これまでもいろいろ言われてきましたが、あまりリアルではありませんでした。しかし今回の眞子さまのご婚約報道で、七人しかおられない未婚の皇族女子のお一人、しかも陛下の初孫で、最もお近い方が皇籍を出てしまわれることの持つ意味は重大です。

他の皇族女子の方々は「私たち、どうなるのでしょう？」とお考えのはずです。もし眞子さまのご結婚後に制度改革がなされたとしても、眞子さまが出られたのに妹の佳子さまが残るというのは心理的に難しくなるかもしれない。愛子内親王は新天皇の皇女ですから別格かもしれません。秋篠宮家の両内親王がお残りにならないならば、三笠宮家と高円宮家の女王方は、なおさら残りにくい、ということになりかねません。

この問題はどう考えたらいいのか、ご当人、ご当家が一番お悩みになると思われます。もしこのまま進めば、皇室という制度や特別な身分の担い手がいなくなってしまうかもしれない、それで果たしていいのか、という思いが湧き上がってくるのです。このご婚約がもたらす影響は極めて深刻です。長い皇室の歴史を変えてしまいかねない、大きな出来事の始まりだという印象も持ちました。

保阪　現状のままでは、眞子さま、佳子さま、愛子さまがご結婚すれば民間に出られるほかありません。そうすると悠仁さまの時代には、皇族の数が相当減ってしまう恐れもある。

岩井　その対策をどうするか。まず候補として挙がるのは女性宮家の創設となると思うんですが、私は一足とびの女性宮家創設には慎重論の立場ですし、そもそも女性宮家という言い方がいけない。

所　私も不正確な表現だと思います。大事なのは、女性宮家の創設ではなく皇族女子の身分保持を可能にすることです。

保阪　ほう、お二人ともそうですか。僕は基本的に男系男子がいいと思っていますけれど、女性宮家が認められて、いずれは女性天皇も制度的にはあり得るかなと考えていたんですが。

「男系男子による継承」は正統性の背骨

岩井　いま世論調査では、女性天皇賛成は八割ほどいて、女系天皇賛成も七割ほどいます。圧倒的多数が賛成しているわけですが、「その女性天皇は愛子さまですか」、あるいは「悠仁さまのお嬢さんですか」と具体的に問いかけたら、返事に困る人も多いのではないでしょうか。

例えば、今回のことで言えば、眞子さまが仮に皇籍に残って独立の世帯を持たれたとして、宮号を与えることにどれだけの国民が賛成なのか。宮家は、皇位継承権をもつ皇族が天皇家とは別の家を代々構えるという意味ですから事は重大です。そこまで国民的なコンセンサスが取れているのかとなると疑問なんですね。

保阪　なるほど。たしかに女性天皇賛成と言っても、女性の権利を主張するジェンダー論の人や、男女平等論の人から、愛子さまに早くなってほしいという人まで幅広いですからね。

岩井　二〇〇二年に読売新聞が国会議員にアンケート調査した結果では、与野党の九割の議員が「女性天皇を容認する」と答えていました。ところが、毎日新聞が安倍政権の誕生する二〇一二年の総選挙時に実施したアンケートでは、自民党候補の七三％が女性宮家に反対と答えたんです。それだけ大きく振れてしまうのは、やはりまだ国民的なコンセンサスが熟していないからだと見るべきでしょう。

保阪　やはり保守的な安倍首相の影響なのでしょうか。それだけ男系維持派が増えて来たとなると、議論をしても法案までたどりつきそうにないし、徒労に終わりそうだという予感はありますね。

所　前回、いわゆる女性宮家のことが国会で議論された十二年前（二〇〇五年）を振り返ると、あの当時も皇室の将来に対する相当な危機感があったわけです。清子内親王が結婚されて皇室を離れることはわかっていましたし、一方で紀子さまのご懐妊前でしたから、将来的に男子の後継者がいなくなるという緊迫感があるなかで、真剣な議論が進んでいました。その報告書に基づいた典範改正案の提出直前に紀子さまご懐妊のニュースがあり、やがて悠仁さまがお生まれになりました。

そこで、男系男子による皇位継承が三代先まで可能になった、ということに多くの人が安心し議論は凍結されてしまいましたから、改革はまったく進んでいません。

保阪　二〇一二年になって野田佳彦内閣のときにもう一度、女性宮家に手を付けようとしたけれどうまくいきませんでしたね。

岩井　野田内閣の時は、男系の伝統を踏まえつつ女性皇族の扱いを見直すという慎重な言い方をしていましたが、それでも男系維持派の壁は厚かった。「男系男子による継承」は天皇の正統性のいわば背骨ですから、その部分に手をつけると収拾がつかなくなって国論が分裂してしまうんです。今は悠仁さまという継承者がおられるので、そこを愛子さまにという議論はなかなかできない。

所　本当に難しいですね。そこが十二年前の状況と大きく違います。

女性皇族が皇室に留まる三つのパターン

岩井　いま永田町では、男系主義を覆《くつがえ》す前提で議論する人は余りいません。厄介な問題であることはわかっているから、政治家も手をつけたがらない。票につながるなら話は別かもしれないけれどそうではないから、みんな逃げてしまうわけです。

所　いま必要なことは、皇位継承の問題と皇族数の減少問題をきちんと分けて考えることです。皇位の継承については、男系男子が三代先まで現におられますから、それぞれご健康であられる限り安泰です。悠仁さまが天皇に即位されるまで、少なくとも三十年はある。しかしその間に典範の改正をしなければ、皇族女子は結婚によりゼロになってしまう。その危機を何とか回避しなければならない、というリアルな問題に取り組まねばなりません。

保阪　いま議論すべきテーマは、女性宮家の是非ではなく、皇女の御結婚後の扱いが今のままでいいのかという問題のほうということですね。

所　この問題は十年先とか、二十年先では手遅れです。もし政府も与野党も真剣に取り組めば、今年（二〇一七年）後半にでも典範の第十二条を改正して、皇族女子が一般男性と結婚されても皇族身分に留まれるようにすることはできるはずです。

しかし、そういう制度改革をしても、民間人になる眞子さまと結婚する決心はできた小室さんに、皇族へ入ってくださいとお願いしたら、「それは困る」と言われてしまうかもしれません。お相手をどう扱うかは非常な難問です。

岩井　ですから、いくつかの選択肢を考えておかないといけないと思いますね。試案として、私は三つのパターンが考えられると思います。

一つ目は、ご本人が皇籍に残り、夫もお子さんも皇族になる。

二つ目は、ご本人は皇族として残るけれど、夫とお子さんは皇族にならない。

三つ目は、皇籍を出て一般国民となり、準皇族とか特別公務員のような立場で皇室の公務を支えてもらう。

保阪　そのなかであえていえば、結婚した以上は一代限りでご主人も含めて皇族に入るのがいいような気がしますね。ご主人も一緒のほうが、責任をもって公務に当たれるでしょう。

所　私は一代限りではなく、皇族女子が当主となり、結婚されるお相手もご子孫も含めて皇族というのが自然だと思います。同じ家にいて、旦那さんとお子さんは一般国民、当主の女性だけが皇族というのは常識的にあり得ない。現在でも、皇族男子と結婚された女性は皇室に入るわけですから、それと同じようにすればいいと思います。

その場合、ご結婚相手がとんでもない人物かもしれないからよくないという心配の声も聞かれますが、一般の女性が皇室に入る場合も、さまざまなプロセスを経て選ばれ、最後は皇室会議で認められなければ成立しません。女性でも男性でも条件は同じです。

岩井　一つ目と二つ目のパターンの場合は、女性宮家、あるいは内親王家を作ることになりますが、私は後者の「内親王家」のほうがいいと考えているんです。

保阪　それはまたどうしてですか。

岩井　皇位継承権がないから宮号をつけないんです。その点をはっきりさせておかないと、やはり男系維持派から賛成は得られないでしょう。三笠宮家の寛仁《ともひと》さまが宮号なしで親王家を構えておられたように、皇室経済法の独立生計を営む内親王として年間千五百万円ぐらいの皇族費は支給して皇室に留まっていただく。問題は旦那さんとお子さんの扱いですが、私は同じ理由から皇族にしないほうがはっきりしていいと思います。

保阪　なるほど、現実的にはそこまでしておかないと改正は難しいということですか。

岩井　そうです。ただ、これも強制するものではなく女性皇族によっては「一般市民のなかに入ります」という方もいらっしゃるでしょうから、それはご本人に選んでいただけばいいのではないか。

保阪　つまり、「あなたはどれを選択しますか？」と。それが明文化されるのはいいかもしれません。

岩井　ご婚約のニュースが流れた後、自民党の議員から「眞子さまの結婚を政治利用するな」とか「切り離して議論しろ」とか牽制球が投げられましたけれど、それはちょっと筋違いですね。これは政治問題ではなく、むしろ与野党問わず国民が真剣に受け止めなくてはいけない時期を迎えたということです。ここまで来た以上、やはり何らかの解決策を考えなければいけないと思います。

国民は皇室の問題提起にどう応えるか

保阪　二〇一六年八月八日のビデオメッセージで陛下は「個人として、これまでに考えて来たことを話したい」と前置きされたうえでお話しされた後、最後に「国民の理解を得られることを、切に願っています」と結ばれました。

　これを聞いて私が思ったのは、陛下は、国民との間にこの時代の「回路」をつくろうとされたのではないかということでした。象徴天皇というものを国民に理解してもらいたいということも含めて、これからは国民レベルで皇室について論じてくださいと、天皇の側が「土俵」を設定してくれたのではないかと思ったんですね。

所　なるほど。そういう意味では、あのビデオメッセージが果たした意義は大きいですね。九割を超える大多数の国民が理解と共感を示したから、政府も国会も動かざるをえなくなったようにみえます。

保阪　大事だと思うのは、天皇が問題提起をした相手は一般国民だということです。つまり神格化といった崇拝者や、革命的な左派の天皇論ではなく、国民の大多数が了解している象徴天皇の枠組みのなかで、これから先どのような制度を作り得るのだろうか——そういう問いかけを陛下はされたように思うんです。

安倍首相は、天皇ご退位の報道があった後、この問題をどう取り扱うべきか考えあぐねていた節がありますね。もちろん、天皇のご発言は慎重に取り扱わなければいけないという判断はあったのかもしれませんが、陛下がああいった形でご退位の意思を示さざるを得なかったのは、政府の側が陛下の示されていたご意思を無視してきたという数年来の事情もあったように思います。

「天皇は内閣に従うべきだ」という傲岸不遜な態度がなかったか。その点は政治の側が反省すべきだと思いますね。

岩井　そういった政治家たちの傾向は、民主党政権時代にも見えていましたね。政治家に皇室への敬意がなくなってきた。主権在民の日本国憲法下であっても、政治が好き勝手に天皇に指示していいということではない。昔の政治家のほうがわかっていましたよ。

保阪　少なくとも保守政党の政治家には常識としてあったものがなくなってきました。いまは尊崇の念が薄れている感がするのですが……。

岩井　そういう意味でご退位のメッセージも、政府とは一時かなりのギャップが生じていたわけですが、その後少しずつ収斂《しゅうれん》してきたように見えます。やはり国民世論の実に九割が陛下のメッセージを支持したことが大きかった。

所　もう一つ感心しましたのは、国会の正副議長が慎重に与野党の間で合意形成をして、国会の意思として与野党挙げてご譲位を実現させようとしたことです。皇室典範に根拠を置いて特別法をつくり、付帯決議であっても、将来の皇族の減少問題まで盛り込むことに合意したことは、これから皇室問題を解決する際の良いお手本になると思います。

岩井　陛下がそういった回路を作ろうとされたのは、これまで憲法の枠組みのなかで自然体でやって来たけれど、このままでは皇室が持たない、あるいは少し変えなければいけないという状況を控えめながらも国民に問題提起されたかったということなのではないでしょうか。

これは今に始まったことではなくて、今から四年ほど前（二〇一三年）にご自身と皇后の葬儀を土葬ではなく火葬にするというご提案からはじまっていたことです。

保阪　天皇、あるいは皇室のあり方というのは、その時代の国民なり政権担当者が天皇に対して、どういう答案を書くかによって変わって来るものだと思うんですね。江戸時代の徳川幕府はかなりいい答案を書いていたと思いますし、明治の新政府もそれなりに時代に合った答案を書いた。

しかし昭和十年代の答案はあまりよくない。それは天皇と国民の間に軍が介在して、その回路を塞いでしまったからだと思います。

私たちはこれまで、各時代の答案を見て採点してきたわけですけれど、いまは私たちが答案を書かなくてはいけない時期を迎えようとしている。皇族数の減少も試験問題の一つでしょう。その答案を書く気構えがあるのか試されていると思うんです。

所　現行の憲法も第一章という重要なところに定める象徴世襲天皇制度が末永く存続するには、不都合な部分を慎重に手直ししながら、それを天皇にも皇族にも担っていただきやすいようにする。そういう改善の努力を続ける必要があります。

保阪　五十年後、百年後の日本人に採点されるわけですから、いい答案を書きたいものです。

元婚約者が語った〝金銭トラブル〟と〝母子密着〟

友納尚子（ジャーナリスト）

文藝春秋二〇一八年四月号

眞子内親王殿下と小室圭さんの結婚延期が発表されてから約一カ月が過ぎた。この間、結婚そのものが「破談になるのではないか」という見方が世間にあったのは間違いないだろう。

しかし現在のところ、眞子さまと小室さんの関係に大きな変化はないようだ。

「お二人は報道陣の目もあることから、外でお会いになることを控えられているが、秋篠宮邸でお会いになったり、電話やメールで頻繁に連絡を取られたりしているそうです」

（宮内庁担当記者）

ご友人も眞子さまのご様子を次のように話す。

「昨年（二〇一七年）お話をした時には、少しお元気がないようだったので、きっとお忙しい毎日を過ごしていらっしゃるんだろうなと思っていました。深く何かをお考えになっていらっしゃるご様子で、頷かれる回数も少なくなったように感じました。でも最近は、行ったことがあるレストランの話や共通の友人の話などをして笑い合ったりするなど、明るく快活なご様子です」

たしかに今も、週に三日、東京大学総合研究博物館と日本郵便が協働で運営する学術文化総合ミュージアム「インターメディアテク」（千代田区丸の内）で特任研究員として、研究や業務を通常通りこなされている。

延期の発表後も、変わらず元気なご様子の眞子さま。ではなぜ、戦後初めてとなる皇族の結婚延期という事態は起きたのだろうか――。

「週刊誌報道は関係ありません」

ご結婚延期が発表されたのは、二〇一八年二月六日のことだった。

予兆はあった。

「実は一月二十日に眞子さまと紀子妃殿下が揃って天皇皇后両陛下（現・上皇上皇后）のもとを訪れていたのです。さらに二月二日にも秋篠宮殿下と紀子妃が両陛下のもとへ。六日当日は、眞子さまが午前中に勤務先から慌ただしく戻られています」（前出・宮内庁担

当記者）

当日午後四時過ぎ。宮内庁の二階にある記者室の隣の部屋は、新聞・テレビの宮内記者たちで溢れ返っていた。すでにその日の午後二時過ぎには、加地《かち》隆治宮務主管が緊急会見を開くことを知らされていたため、記者たちはご結婚が延期になるのではないかと推察していた。約三十人の記者たちは、固唾《かたず》をのんで会見の始まりを待った。

定刻通りに始まった会見では、まず文書が配られた。そこには〈眞子内親王殿下のご結婚関係儀式等のご日程の変更について〉とあり、ご結婚は〈再来年になる見込み〉と記されていた。

衝撃的な一文に記者からは改めて驚きの声が漏れて、「納采の儀（結納）まで一カ月というこのタイミングでの延期はなぜなのか」「急に時間が必要になった理由は？」などの質問が相次いだ。

これに対して加地宮務主管は、「文書をお読みください」と歯切れが悪く「準備を進める中で時間が足りないという判断をされた」とお茶を濁すばかりだったという。

記者からの質問は、「週刊誌報道が影響しているのではないか」と続いた。「週刊誌報道」とは、小室さんの母・佳代さんとその元婚約者の間に約四百万円の金銭トラブルがあるというものだ。二〇一七年十二月、『週刊女性』がスクープし、翌年に入り『週刊文春』や『週刊新潮』なども後追い記事を掲載した。

加地宮務主管は「週刊誌報道は関係ありません」と頑なに否定したが、記者達が納得のいくような説明はなかったという。

配られた文書は、翌日の朝五時からの解禁という〝縛り〟があったが、ネットニュースに情報が流れてしまい、いとも簡単に破られてしまう。その結果、宮内記者会は宮内庁に掛け合い解禁の承諾を得て、その日のうちに発表するに至った。

民放各社は速報を流し、NHKの夜の七時のニュースでは、眞子さまと小室さんの「お気持ち」として、文書を公開した。

冒頭では、〈秋の結婚までに行う諸行事や結婚後の生活について、充分な準備を行う時間的余裕がないことを認識するようになりました〉と述べられ、〈私たちは、結婚という人生の節目をより良い形で迎えたいと考えております。そして、そのために二人で結婚についてより深く具体的に考えるとともに、結婚までの、そして結婚後の準備に充分な時間をかけて、できるところまで深めて行きたいと思っております〉と綴られていた。

婚約までのお気持ちについては、次のように振り返られていた。

〈昨年五月、予期せぬ時期に婚約報道がなされました。このことに私たちは困惑いたしましたが、結婚の意思を固めていたことから、曖昧な状態を長引かせない方がよいとの判断をし、当初の予定を大きく前倒しして婚約が内定した旨を発表することにいたしました〉

お揃いの指輪とブレスレット

眞子さまの婚約に関する報道は二〇一七年五月十六日、ＮＨＫが「眞子さまご婚約へ」とスクープしたことから始まった。

　すでにその前年の二〇一六年に眞子さまがお揃いの指輪とブレスレットをした男性と電車の中で身を寄せ合いながら携帯電話の画像を見せ合う写真を『週刊女性』（十一月一日号）に撮られていた。この男性こそ後に小室さんということが分かるのだが、この時点では、名前も実際にどういった関係かも分かっていなかった。その後、他のメディアも取材に走り、ＮＨＫなどが二〇一四年に眞子さまが卒業した国際基督教大学（ＩＣＵ）のご学友だった小室さんと交際しているという情報にたどり着いたのだ。

　そのころ、小室さんは、ＩＣＵを卒業後に勤務していた三菱東京ＵＦＪ銀行をすでに退社していて、一橋大学大学院国際企業戦略研究科に入学していた。

「天皇家の長女の清子《さやこ》さまの夫の黒田慶樹さんはご結婚よりもかなり前ですが、（現在の）三井住友銀行を辞めて都庁の職員になっていました。皇族の結婚相手は、一般的に民間企業よりも、公的な職業などの方が好まれるため、小室さんの退職も眞子さまとの結婚の準備にはいった証とも取れました」（元宮内庁担当記者）

だが、小室さんにたどり着いたメディアも婚約者であるという確証まではなかなか得られなかった。これまでの皇族の結婚相手は旧華族や幼馴染といったよく知られた人たちだった。黒田さんも旧華族ではなく早くに父親を亡くしていたが、皇族方が多く学ばれる学習院出身で、秋篠宮のご学友だった。学生時代から東宮御所によく遊びに来ていたことから清子さまも慣れ親しんでいた。しかし、小室さんはそうした縁がまったくなかった。

「ＮＨＫの婚約内定の報道がされたときは、まだご結婚の日程までは決まっていなかったとされます。紀子妃のご両親にも小室さんの紹介は終わっていない状態だったそうです。そんななかでＮＨＫがスクープできたのは、秋篠宮周辺に太いニュースソースがあるのではないかと言われています。ＮＨＫは二〇一六年に陛下の『生前退位の意向』もすっぱ抜いています」（前出・宮内庁担当記者）

永田町にも激震が走った。この時点で官邸は眞子さまに婚約の話が出ていることすら知らされていなかったという。折しも三日後の五月十九日には、天皇陛下の退位を実現する特例法案の閣議決定があった。それに伴い、民進党は女性宮家創設に向けた付帯決議を打ち出そうとしていた。その民進案を食い止めるために女性宮家を辞退するという意思表示をこのタイミングでなさったのではないか、という憶測まで飛び交った。

　宮内記者会も慌ただしく対応に追われた。テレビやラジオでは「婚約内定へ」という速報が流れて、街には号外まで配られた。

　警察も慌ただしかったようだ。

「ニュース発表の寸前から小室さんに警備がつくようになりました。宮内庁は小室さん本人のことは分かっていたと思いますが、母親のプライベートなことまでは調べていなかったようでした。皇室入りされる方のご家族と異なり、嫁ぎ先の家の詳細までは調べないことが通例です」（警察関係者）

　この日を境に眞子さまと小室さんの交際は気軽にデートを楽しむことができないなど、自由なものではなくなった。それ以上に眞子さまはこの報道に戸惑いを覚えたといわれた。

「まだ結婚の準備が進んでいる最中に、宮内庁の一部の人しか知らない情報が漏れたことに違和感を覚えられたといいます」（宮内庁関係者）

ただ、二〇一七年九月の婚約内定会見には満面の笑みで臨まれた。当初、会見は七月に予定されていたが、九州北部豪雨の被害を受けて二カ月後に延期となっていた。

「赤坂東邸の会場にお出ましになった眞子さまはミントグリーンのワンピース姿で、小室さんは紺のスーツ姿。お二人は何度も見つめあうなど実にお幸せそうでした。眞子さまはおっとりとされていながら、きちんとお話をなさるご性格で、緊張されている小室さんを気遣われていました」（前出・宮内庁担当記者）

お二人は二〇一二年に留学の説明会が行われた大学の教室で出会われ、翌年にはプロポーズに至った。

結婚式は二〇一八年十一月に帝国ホテルで行われることが決まった。実際にご臨席されるかは別として、両陛下（現・上皇上皇后）にとって初めての孫の結婚式だった。

「今月ヘルプしてください」

だが、この会見をニュースで見ていたXさんは「小室さん」という名前を聞いて気になった。

「眞子さまのお相手が、あの圭君だったと知って驚きました。テレビに映った母親もまるで別人かと思うほどあかぬけていました」

Xさんは小室さんの母、佳代さんの元婚約者だ。二〇一〇年から一二年にかけて四百万円以上を貸したつもりが、未だ返済されていないというトラブルが週刊誌で報じられた人物だ。六十代後半の元商社マンで、物腰が柔らかく、身なりに気を遣うお洒落な雰囲気が印象的だ。

Xさんが語る。

「最初に知り合ったのは、圭君の父親でした。小室家の近所に住んでいたため、地域の集まりで顔を合わせる機会が多く、気が合ったので親しくしていたのです。でも、彼は二〇〇二年に亡くなった。ずいぶん後になってから、自殺だったことを知りました。父親と仲が良かったころは、佳代さんとも面識はありましたが、すれ違ったときに挨拶をする程度でした」

二〇〇七年、Xさんと佳代さんは共通の知人の開いた会合で再会。Xさんがパソコンに精通していることを知った佳代さんが、高校生だった小室さんのパソコンの不調を相談したことから、付き合いが始まったという。

「佳代さんに好意があったというよりも、慕ってくれた圭君の父親代わりになれればという思いが強かった。それで二〇一〇年に婚約したのです。このころ圭君がＩＣＵに入学したのですが、佳代さんから『入学金を振り込んでいただけますよね』と言われ、約四十五万円を振り込んだ。すると、それ以降も『今月ヘルプしてください』と、生活費として毎回十万円ほどを要求されるようになったのです」

二十歳を超えた息子に「圭ちゃん」

他にも大学の授業料や、小室さんが一時期通っていたアナウンススクールの授業料として、佳代さんは金銭を要求したという。二〇一二年に小室さんがアメリカ留学するにあたっては、「銀行口座に二百万円以上の残高がないと大学の審査が下りない」と言われ、二百万円を振り込んだこともあった。

「残高証明を取ったら返してくれるものかと思ったら、『生活費が足りないので使わせてもらいますけど、いいですね』と言われて、そのままです。それだけ生活が苦しいはずなのに、圭君が留学中にスペイン旅行に行った際、佳代さんまで同行しているのです。佳代さんは圭君がすべてで彼がいないと生きていけない、何でもしてあげたいと話していましたが、それは身の丈に合わないものまで叶えてあげているように見えました」

佳代さんは二十歳を過ぎた小室さんのことを「圭ちゃん」と呼ぶという。父親を早くに亡くし、親子二人で生きてきた絆は強いのだろうが、成人してもなお、母親がいろいろなことに世話を焼く親子関係にＸさんは違和感を覚えたそうだ。

「近所の人からも『小室さん親子はいつも一緒に歩いている』と言われていました。佳代さんは、アメリカ留学の前にも『結核がうつるからホームレスには近づかないで』と心配していた。留学に向かう圭君を成田空港に一緒に見送りに行ったときには、佳代さんが『何かあるといけないから』とドラッグストアで避妊具を買って、店内で圭君に手渡していました。圭君は黙って頷き、トランクに入れていました」

そんな中、Ｘさんと佳代さんの仲は雲行きが怪しくなっていく。

「互いの親にも紹介しましたが、車で出かけたときに道を間違えただけで怒られたり、なにかにつけ機嫌が悪くなったりと、性格のきつい面が見えてきたので、だんだんと気持ちが冷めていきました。婚約から二年後、婚約解消を申し出たところ、佳代さんは『そうですか』とすんなり承諾しました」

その翌年、二〇一三年の夏に「貸したお金を返してください」と手紙を書いて送ったが、返事はなかったという。

「秋になると親子で自宅にやってきて、『弁護士と相談して書いた』という手紙を手渡されました。結婚まで考えた私の名前の漢字が間違っていたのは驚きました。文面には〈四百九万三千円は小室佳代が貴殿から贈与を受けたものであって貸し付けを受けたものではありません〉と書かれていました。佳代さんは『一方的に婚約を解消された』と言い、圭君も会話に割って入って『返すというより、もともと贈与だったと認識しています』と主張しました」

このＸさんとの金銭トラブル以外にも、Ｘさん以外の男性関係や佳代さんの母が新興宗教に熱心だったことなども報じられた。

Ｘさんの件は、宮内庁の長官会見でも質問が出たが、山本信一郎長官は「両家のお話ですので、私が申し上げることは何もない」とだけ語っている。

果たしてこうした報道は、本当に結婚延期に影響を与えていないのだろうか。

眞子さまは小室さんに「申し訳ない」

「そもそも、眞子さまは佳代さんのトラブルについては、報じられるまで、小室さんから知らされていなかったとされます。もちろん、秋篠宮ご夫妻も同様です」（前出・宮内庁

担当記者）

秋篠宮は二〇一七年十一月の会見で小室さんの印象について、

「非常にまじめな人というのが第一印象でした。その後も何度も会っておりますけれども、その印象は、変わっておりません。娘のこと、娘の立場も良く理解してくれていると思います」

と述べられている。

小室さんは眞子さまや秋篠宮ご夫妻にどのように今回の件を説明したのだろうか。

「小室さんは隠していたわけではなく、きちんとお会いして説明しようとしていたが、タイミングが合わなかったと話しているようです。結婚の準備などもありましたが、二〇一七年末だけで六回、佳代さんも一回、秋篠宮邸に上がり、秋篠宮ご夫妻にも説明したといわれています。秋篠宮ご夫妻は、本人の問題でないなら、とご納得されたようです」（前出・宮内庁関係者）

一方、眞子さまはどのようなご心境だったのか。

「眞子さまもご存じなかったので、もちろん動揺はされたようです。でも小室さんへのお気持ちに変化はなく、ご婚約によって小室家のプライバシーが明るみに出てしまったこと

への申し訳なさを感じていらっしゃったと聞きます」（宮内庁職員）

眞子さま初めての反抗

ただ、この報道は眞子さまの心のなかにあった〝不安〟を増幅させる結果にもなったようだ。

「金銭トラブルの報道後は、お元気がなくなり、自室から出てこられないこともしばしばあったそうです。小室さんに対する疑心暗鬼はなかったそうですが、過熱する報道にご結婚そのものが国民から支持を得られないのではないかと思われていたといいます。そこで眞子さまに結婚を延期してはどうかという思いが芽生えたようです」（同前）

秋篠宮に近い知人もこう言う。

「眞子さまは、宮内庁周辺から情報が洩れたのではないかという疑念が拭いきれずにいたそうです。女性宮家創設などに絡めて、結婚をせかされているような感じを受け、気持ちの整理がつかない状態でいらしたと聞いています」

前出の宮内庁職員もこう言って肩を落とす。

「宮内庁として天皇陛下の退位までのスケジュールにご結婚の諸行事を終わらせることを

最優先してしまった節があります。当の眞子さまと小室さんのお気持ちを置き去りにしてきてしまったかもしれません……」

そんな中、皇室が最も忙しいといわれる年末年始が終わった二〇一八年一月のことだった。宮内庁幹部が語る。

「このころ、秋篠宮ご夫妻と眞子さまはご結婚について話し合いをされ、深夜にまで及んでいたこともあったそうです。延期も視野に入れていた眞子さまと秋篠宮ご夫妻が言い争いになる日もあったと聞きます」

眞子さまの初めての反抗だった。秋篠宮はかつて会見（二〇一一年）で眞子さまのご性格について、「どちらかというと父親の興味に合わせてくれているところもある」と述べられていた。そんな眞子さまが人に合わせるのではなく、ご自分の意志を貫いた。

話し合いの中で、眞子さまのお気持ちが延期ということに決まった。最終的には眞子さまと小室さんで判断されたという。

二〇一八年から翌年にかけて陛下の退位や皇太子（現・天皇）の即位に伴う一連の儀式が続くことから、結納にあたる納采の儀は二年後の二〇二〇年となった。

「眞子さまは、延期の決断後は少しずつ明るさを取り戻されています。一度決めたことは覆さないというご性格ですし、小室さんへのお気持ちもまったく変わっていません。このままご結婚なさらないということはないと思いますよ」（同前）

ただ、二年間の月日は長い。金銭トラブルがどのような決着を見るかも定かではない。結果次第では周囲から結婚に否定的な意見が出ることもありえるだろう。

眞子さまの名前には「天性のものを失わず、自然に、飾ることなく、ありのままに人生を歩んでほしい」という秋篠宮ご夫妻の願いが込められているという。その願い通り、納得のいく形で嫁ぐことはできるだろうか。

美智子さまのご意向に悩まれた紀子さま

文藝春秋編集部

文藝春秋二〇二〇年二月号

〈昨年の二月に今の気持ちというのを発表しているわけですので、何らかのことは発表する必要があると私は思っております。（中略）（長女の眞子さまと）結婚のことについては話をする機会はありません〉

二〇一九年十一月二十日、皇嗣殿下として初めての誕生日会見で、秋篠宮さまはこう述べられた。

眞子さまと小室圭さんの「婚約延期」が発表されて、二〇年二月でまる二年。「今の気持ち」とは、他ならぬ長女眞子さまの今のお気持ちのことだ。

「眞子さまと圭さんのご結婚話は依然として進展がありません。会見のお言葉にあったように、秋篠宮ご夫妻と眞子さまは、日常生活についてのお話はできても、ご結婚に関しては一切話をしなくなっている。眞子さまは、特に母親である紀子さまに対して根強い不信感を抱いているようで、母娘の隔絶はこの二年間、広がるばかりでした。現状では、修復の糸口さえ見えない状況です」（宮内庁関係者）

この日の会見は秋篠宮さまお一人。立ち会った宮内記者たちの間では「殿下は痩せられたのではないか」と話題になった。長く続くご心労が察せられたという。紀子さまは九月のお誕生日に際し、宮内記者会からお一人の会見を要望されていたが、それに応えることなく〈（延期に関し）現状や今後についてお伝えすることは、控えたい〉と文書で回答された。

「理想的」紀子さまは圭さんを絶賛

秋篠宮ご夫妻が圭さんに初めて会ったのは、いまから六年以上前の二〇一三年頃のことだ。圭さんが眞子さまにプロポーズしたのはその年の暮れとされる。

そのとき紀子さまは、圭さんを心から歓迎された様子だったという。

「秋篠宮さまは、まだ二十二歳の娘のご結婚話を、当初から冷静に受け止めていましたが、紀子さまのほうは、圭さんをすぐに気に入られ、絶賛されていました。『こんなに素晴らしい方はいない』『（結婚相手として）理想的』とまでおっしゃっていた。眞子さまは恋人

を認めてもらえたことに、心から喜ばれていました」（秋篠宮家関係者）

婚約内定会見が行われたのは、それからしばらく後、眞子さまが英国レスター大学大学院留学を終えたあとの二〇一七年九月だ。その年十一月の秋篠宮さまのお誕生日会見に同席した紀子さまは、圭さんの「第一印象」をこう述べられた。

〈初めてお会いし、話をしましたときに、丁寧で穏やかな印象を受けました。そして今も、同じような印象を持っております。（中略）ピアノを聴きたいと話をしましたところ、快く応じてくださり、小室さんの優しいピアノの音色を聴きながら、私たちは心和《なご》むひときを過ごしました〉

「ハワイ大留学」に困惑した秋篠宮ご夫妻

しかし、その高い評価は一変する。そのきっかけは、圭さんの母親、佳代さんと婚約者だったX氏との四百万円超の金銭トラブルが『週刊女性』（二〇一七年十二月二十六日号）で報じられたことだ。

「四百万円は、佳代さんが婚約期間中にX氏から提供されたものでした。この〝借金〟（編集部注：小室家は〝贈与〟と主張）に圭さんの大学の入学金、授業料、米国への留学費用も含まれていたことから報道は過熱した。事実を知らされていなかった秋篠宮家、宮内庁は騒然となりました」（皇室ジャーナリスト）

雑誌が発売された十二月十二日から年明け二月六日に「婚約延期」が発表されるまで、圭さんと佳代さんは複数回、秋篠宮邸を訪れ、説明を求められている。

秋篠宮家関係者が振り返る。

「ご夫妻に紹介されてから四年もたつのに、圭さんは金銭問題もふくめ、大切なことを説明していなかった。父親の自殺や祖母の新興宗教信仰なども、秋篠宮家が知ったのは週刊誌で報じられたあとです。秋篠宮さまは『誠実とは言えない』と不満をおっしゃるようになりました」

そうした話し合いの中で、圭さんが突然、「ハワイ大学に留学して弁護士資格を取りたい」と言い出したことで、秋篠宮ご夫妻はさらに困惑したという。

「秋篠宮ご夫妻は数カ月後の一八年六月に、日本人の移住百五十周年の記念式典に出席されるため、ハワイ訪問を予定されていました。大学関係者と会う予定もあり、留学に便宜をはかったのではと誤解を招くから、控えてほしいと伝えたようです。そもそもハワイに留学しながら、納采の儀や結婚の準備はどうするのか。ご夫妻の不信感は募るばかりでし

た」（宮内庁関係者）

一八年二月六日、宮内庁記者クラブで加地隆治宮務主管が緊急会見を開くことになったとき、記者の多くは破談を予想していた。だが、発表されたのは「延期」だった。

〈納采の儀を始めとするご結婚関係儀式等は、後日に延期することとなりました。一連の（即位関連）儀式等が滞りなく終了した再来年（二〇年）になる見込みです〉

「私たちの未熟さ」

その場で配られた別紙には、眞子さまと圭さんの「お気持ち」が綴られていた。

〈色々なことを急ぎ過ぎていたのだと思います。（中略）二人で結婚についてより深く具体的に考えるとともに、結婚までの、そして結婚後の準備に充分な時間をかけて、できるところまで深めて行きたいと思っております。本来であれば婚約内定の発表をするまでにその次元に到達していることが望ましかったとは思いますが、それが叶わなかったのは私たちの未熟さゆえであると反省するばかりです〉

眞子さまご自身が書かれた文書だった。前出とは別の秋篠宮家関係者は、眞子さまとご両親の認識の違いはこの頃からあったと言う。

「眞子さまは、この文書の通りスケジュールだけが問題だと思われていた節があります。しかし秋篠宮ご夫妻は、圭さん関連の報道を問題視していました。ただ、眞子さまに対しては、あまり深刻な話はせず『一度立ち止まって考えてみては』といった感じで説得したようです。当時はまだ金銭問題の詳細も確認中で、これほど長引くとも考えていなかったのでしょう。金銭問題を解決しないとダメだという厳しい話もしていなかったのです」

この後、秋篠宮ご夫妻は、結婚に反対する意向に傾いていったとみられる。もちろん圭さん関連の報道の影響は大きかった。だが、それだけではなかったと秋篠宮家関係者は打ち明ける。

「秋篠宮ご夫妻は、圭さんのことで複数回皇居を訪れ、上皇上皇后ご夫妻と四人で話されたと聞いています。美智子さまはそのとき、秋篠宮家としての見解を出して国民に説明したほうがいいとご意見を述べられたようです。美智子さまは一度ご判断されると、繰り返しおっしゃる方。秋篠宮さまは、実の母親ですから慣れていらっしゃいますが、時に厳しい言葉もあったようで、紀子さまはそれを重く受け止められ、落ち込んでおられました」

こうした状況を裏付けるように、延期の発表から二カ月後の一八年四月、上皇上皇后と親しい友人の一人は小誌に対してこんな話をしていた。

「紀子さんと美智子さんの関係がいま微妙になっている。数年前までは、紀子さんはどんなことでも美智子さんに相談されていたのだが……。初孫の眞子さんは、陛下にとって特別。陛下が眞子さんのお話をされるときは、声のトーンが一段上がるのがわかるほどだった。

お二人とも眞子さんのことはとても心配されている。英国留学中に眞子さんのところへ小室さんが訪ねて行ったという記事もあったが、実際のところ、眞子さんと圭さんの関係はどうなっているのだろう？　本当に二人は向こうで会ったのか、わかったら教えてほしい」

結婚してはいけないというストーリーを作っている

眞子さまの婚約延期について、宮内庁が上皇上皇后（当時の天皇皇后）のお考えを公表したのは、この友人の話の約一カ月後のことだった。

〈両陛下が第一に考えられたことは、これは眞子さまの内心に触れる事柄であり、何人といえども、恐らくはご両親殿下でさえ眞子さまのお考えを待つ以外おありでないということでした〉

〈皇后さまは、これまでもご家族のどなたかが苦しい状況におありの時は必ず、それは家族全体の苦しみだからと言われ、心配しつつ見守ってこられました〉（「眞子内親王殿下に関する最近の週刊誌報道について」、二〇一八年五月二十五日）

実際、宮内庁関係者によれば、上皇后は孫の気持ちを配慮し、〝ご意向〟を直接お話しになることはなかったという。

「ただ、上皇后さまが秋篠宮ご夫妻にさまざまな注意をされたのはたしかです。それで紀子さまは、この結婚は無理だと考えを変えられた。でも、上皇后さまが眞子さまのお考えを待つと仰っている以上、上皇后さまの〝ご意向〟は眞子さまにお伝えできない。それで紀子さまは板挟みのようになってしまわれた。

いま眞子さまの反発は、母親である紀子さまに向かっている。父である秋篠宮さまは、最初からもろ手を挙げて賛成していたわけではないし、お立場的にも慎重な姿勢でいなければならないことは眞子さまも承知されている。でも紀子さまは、圭さんのことを賛成していたはずなのに、どうして変わってしまわれたのか、わからないでおられる。

おそらく眞子さまは、上皇后さまのお気持ちをご存知ないのでしょう。『週刊誌報道でお母さまは変わってしまった』『小室さんのお金の問題がどうあれ、結婚してはいけないというストーリーを作っている』と思われているようなのです」

秋篠宮ご夫妻は、こうしたことがあった後、「小室家から辞退することを期待していた」（別の宮内庁関係者）という。

「これだけ世間を騒がせていれば、普通なら自分たちのほうから引いてくれるだろうと楽観視していたようです。ところが圭さんは秋篠宮家を訪れても持論を展開するばかりで、秋篠宮ご夫妻は苛立ちを募らせたようです」（同前）

小室さんを信じた音声データ

二〇一八年は、翌年に御代替わりを控えた大事な年だったが、秋篠宮家には、「三つの誤算」があったという。

「まず圭さんが婚約を辞退しなかったこと。二つ目に、お金がないから無理だろうと思っていた圭さんの留学も、支援者が現れてニューヨークの大学に留学することになったこと。そして何よりご夫妻にとってショックだったのは、金銭問題について眞子さまが圭さんの側についてしまわれたことでした」（宮内庁関係者）

「X氏には借用書がない」

「（小室家とX氏が）借金問題について話し合った際の音声データもある」

「返さなくても法律的に問題ない」

小室家側はそう説明しているというのだが、秋篠宮家にとって大事なことは、当初から法律的な是非ではなかった。皇族の結婚相手に金銭トラブルがあることそれ自体が問題なのだ。結婚するのなら、その前に解消しなければならないというのが秋篠宮家の考えだった。しかし、こうした秋篠宮家側の説明も小室家の母子には通じず、むしろ眞子さまが小室家側に立ってしまわれた。

「眞子さまは音声データの存在を知っています。それが小室さんを信じる自信の一つになっているのです」（眞子さまの知人）

眞子さまが小室家側に立ったことは、宮内庁職員にも意外なことだった。

「眞子さまは秋篠宮家の中で、しっかり者として知られています。二〇一六年の三笠宮さまの葬儀の時、秋篠宮殿下の意見に対して、紀子さまは『そうですね』としか言えず周囲が困っていたところ、眞子さまは『こうしたほうがいい』とはっきり申し上げたことがあった。そのしっかり者の眞子さまが小室家側についてしまったことは職員たちにとって驚きでした」（宮内庁関係者）

圭さんは翌二〇一九年一月二十二日に発表した文書でも、金銭的な支援の問題は〈解決済み〉とし、〈支援を受けたことには今も感謝しておりますので、今後は元婚約者の方からご理解を得ることができるよう努めたいと考えております〉と従来の主張を繰り返した。

その内容は、「到底秋篠宮さまの要求を満たすものではありませんでした」（秋篠宮家の知人）。

「この文書は、眞子さまと圭さん二人の話し合いで決めたもの。秋篠宮さまは何も知らされていませんでした。『借金』と認めなくとも、これまでの『感謝の気持ち』として解決金を払う方法もあったのに、佳代さんはまったく払う気がないようなのです」（同前）

眞子さまと紀子さまとの間に、さらに「決定的な亀裂」が生じたのは、二〇一八年十一月三十日に公表された秋篠宮さまの誕生日会見だったと秋篠宮家関係者は明かす。

この日、秋篠宮さまは、「納采の儀」を行うための二つの条件を語った。

〈やはり、今いろんなところで話題になっていること、これについてはきちんと整理をして問題をクリアするということ（が必要）になるかもしれません。そしてそれとともに、やはり多くの人がそのことを納得し喜んでくれる状況、そういう状況にならなければ、私たちは、いわゆる婚約に当たる納采の儀というのを行うことはできません〉

つまり「金銭問題の解決」と「国民の祝福」である。眞子さまと圭さんには、事前に伝えたうえでのご発言だった。眞子さまが不信感を強めたのは、同席した紀子さまの次のご発言だ。

〈昨年の夏から、様々なことがありました。そして折々に、私たちは話合いを重ねてきました。そうした中で、昨年の暮れから、だんだん寒くなっていく中で、長女の体調が優れないことが多くなりました。そうした状況が長く続き、長女は大丈夫だろうか、どのような思いで過ごしているだろうかと、私は、大変心配でした〉

一見すると、娘思いで母親らしいご発言に思えるが、眞子さまの受け止め方は違った。

「眞子さまが一時、体調を崩されていたのは事実です。紀子さまも心配され、六月に眞子さまは宮内庁病院で検査を受けられた。幸い異常はなく、『心因性のもの』という診断だったので、眞子さまは予定通り海外公務に行かれたのです。

むしろ、その頃体調を崩されていたのは実は紀子さまでした。紀子さまが自分の不調を『娘を心配している』という表現で糊塗《こと》していると眞子さまは感じられたのです。結婚賛成から反対に回り、眞子さまを悩ませているのは他でもない紀子さま。眞子さまは、母親は世間体を気にしているだけで、本当に娘を守ろうとしているわけではないと受け止めて

しまわれたのです」（宮内庁関係者）

味方についた佳子さま

妹の佳子さまは、眞子さまの結婚を応援されてきた。婚約延期会見から約一年後の二〇一九年三月二十二日、ＩＣＵご卒業に際して、次のような意見を表明して話題となった。

〈結婚においては当人の気持ちが重要〉

〈姉の一個人としての希望がかなう形になってほしいと思っています〉

父と母には、明確に反対する姿勢を示されたのだ。この文書には、もうひとつ意味深長な一文があった。

〈メディア等の情報を受け止める際に、情報の信頼性や情報発信の意図などをよく考えることが大切だと思っています。今回の件を通して、情報があふれる社会においてしっかりと考えることの大切さを改めて感じています〉

一見メディア批判に見えるが、よく読むと情報を受け止める者への批判となっている。

「しっかりと考えることが大切だ」とは、誰に向けられたメッセージだったのか。

「眞子さまの紀子さまへの不信感を考えると、佳子さまがお母さまに向けたメッセージと

も受け取れるのです」（皇室担当記者）

同年十一月三十日、赤坂東邸で現役職員や旧奉仕者が集い、秋篠宮さまの誕生日を祝う内宴が開かれた。そこに、眞子さまと佳子さまが姿を見せることはなかった。

「その時のスケジュールで来られないことはこれまでもありましたが、眞子さまと佳子さまが揃っていらっしゃらないのは珍しいことでした」（出席者）

それから十日後の十二月十日、眞子さまと佳子さまはお揃いで「アナと雪の女王2」を鑑賞された。映画の主人公であるエルサとアナは姉妹だ。姉は一人で生きることを決め、妹は恋人と結ばれる――銀世界の冒険譚を見ながら、お二人は何を思われたのだろうか。

絢子さんの結婚に「幸せそう」

眞子さまの婚約内定会見から約十カ月後に、日本郵船勤務の守谷慧さんと婚約内定を発表された高円宮家の三女絢子《あやこ》さんは、既に結婚され、二〇一九年十一月に第一子となる男児を出産されている。元皇族の男児出産は、実に二十九年ぶりのことだった。

「慧さんも義父の治さんも病院に駆けつけたそうです。元気いっぱいの男の子で、お顔立ちは絢子さんにそっくり。絢子さんはお二人に『これで守谷家の嫁の務めを果たせました』とおっしゃったそうです。今どきそんな古風な言葉を使うことに驚きましたが、結婚は『家と家のもの』と久子さまがご教育されてきたのだなと感じました。名前は『穣《じょう》』。海外の方にも呼びやすい名前をと熟考されて決めたと聞いています」（高円宮家の知人）

眞子さまは当初、二〇一八年十一月四日に帝国ホテルで結婚式を挙げられる予定だった。もうお子さまが産まれていてもおかしくない歳月が流れている。

二〇一八年十月三十日、ホテルニューオータニで開かれた守谷絢子さんの結婚披露宴には、眞子さまの姿があった。

「眞子さまは、少しはしゃいでいるようにも見えました。無理をされていたのかもしれません。絢子さんのことを『すごく可愛い』『幸せそう』とおっしゃっていた。眞子さまのご心中を思うと何と声をかけたらよいかわかりませんでした」（出席者）

宮内庁関係者によれば、秋篠宮家の家族のなかで、「お考えがいちばん一貫しているのは眞子さま」という。結婚にしろ、破談にしろ、秋篠宮ご夫妻が何らかの決断をしなければ、この難題を解決することはできないのではないだろうか。

秋篠宮ご夫妻と、眞子さま、圭さん。平行する二本の線が交わることなく、その距離をさらに広げてしまうような二年間だった。

宮内庁が懸念する小室さんの「生活力」

友納尚子（ジャーナリスト）

文藝春秋二〇二一年十一月号

二〇二一年九月二十三日の秋分の日、歴代の天皇、皇后、皇親の霊を祀る儀式「秋季皇霊祭」「秋季神殿祭」が皇居内の皇霊殿及び神殿で行われた。

天皇陛下、秋篠宮皇嗣同妃両殿下をはじめ、十月に婚約者の小室圭さんとご結婚なさる秋篠宮家の長女、眞子内親王殿下のお姿もあった。皇室から離れる眞子さまにとっては、皇族として残り少ない行事となる宮中祭祀へのご出席だった。

眞子さまは、薄いブルーのドレスにベージュの帽子と真珠のネックレスをあしらわれていた。外出しての皇室行事は二カ月振りで、幾分ほっそりされた様子だった。

さる関係者によれば、儀式を終えられて真っすぐに前を向いて出て来られた姿は、希望に向かって旅立たれるかのように見えたという。ご婚約内定会見からご結婚までの四年間という長い道のり。眞子さまを見守り続けてきた紀子妃の目には、うっすらと涙が浮かんでいた。

お慎みから新御所におられた雅子皇后は、眞子さま、紀子さまのご様子について報告を受けられ、感極まるご表情をなさったそうだ。

言葉はなくとも通じ合っていた母娘の絆に、同じ娘を持つ母としての思いが重なったのかもしれない。

ご結婚に関する新たな報道合戦が続いていた九月、眞子さまは、アメリカへの引越し準備を始められていた。荷物には、ご家族で過ごされた思い出のアルバムやご両親からプレゼントされた品などを大切にしまわれたという。

眞子さまは、ご結婚に対するご両親との意見の対立から母・紀子妃殿下よりも、最近は小室さんの母親の立場に寄り添っているのではないかと思われがちだが、やはり母娘の絆は強い。

紀子妃が九月十一日のお誕生日の記者の質問への回答文書で、

「長女の結婚については、親として娘の思いや考えを受け止められるよう、対話を重ねております。こうした中、共感できることもあれば、意見が違うこともありますが、お互いに必要だと思うことを伝え合い、長女の気持ちをできるだけ尊重したいと思っております」

と述べられたように、これまで対立することはありながらも、ようやくご結婚にたどり着いたことで母娘の絆はむしろ深まったと周囲は見ていた。

結婚会見はしたくなかった

秋篠宮家を知る人物はこう述べた。

「母の娘への想いは、眞子さま御自身がいちばん身に染みて分かっていらっしゃると思います。だからこそ諦めきれない小室さんへのお気持ちとの間で悩まれて来たのですから。小室姓に変わっても、ご両親へのお気持ちが変わることはないと思います」

父親である秋篠宮殿下は今も本心では賛成という訳ではないようだが、眞子さまは、最終的には温かく送り出してくれるご両親に感謝のお気持ちでいっぱいだという。

眞子さまは、ご結婚後の会見に乗り気でないと言われ、入籍後、文書発表だけで日本を離れたいと希望を示されていた時期もあった。だが、九月になって会見にのぞまれるご決心を固められたご様子だといわれた。

「皇室を離れて新しい生活に向かっていくわけですから、会見は勇気を持ってのぞまれるはずです」

会見開催に消極的な眞子さまに対して、会見をおすすめしたという宮内庁参与の一人はこう語る。

「国民からご自分たちの結婚そのものを祝福されていないのではないかと考えておられたようです。四年前（二〇一七年）の婚約会見では、幸せの絶頂におられたのに、その後のお二人は、多くの批判にさらされて苦しみ悩まれてきました。おそらく会見そのものがトラウマになっていて、勇気が出なかったのではないでしょうか」

会見は、眞子さまに配慮して、宮内記者会の質問は事前にチェックされたものだけが許され、当日の追加質問はなし、という当たり障りのないものになりそうだ。

皇籍離脱に伴い支給される一億三千七百万円（前例に倣った場合）の結婚一時金については、「辞退される意向」とする報道が続いたが、九月半ばの時点では宙に浮いた状態にあった。

眞子さまは、先ほどの「国民に祝福されない結婚」という意識から辞退する意向を前々から示されていたという。だが、実際には、簡単に辞退できるものではなかった。

「結婚一時金の支出は、皇室経済法に則ったもので、受け取らないとなれば、内閣総理大臣や衆参正副議長をはじめ、財務大臣、宮内庁長官、会計検査院長の八議員で皇室経済会議を開く必要があります。これまでの会議は、支給額を決めるもので、支給の可否を議論したことはないため、皇室経済法の解釈を変えなくてはならない可能性もありました」（宮内記者）

だが九月末に、皇室経済会議は行わないという前代未聞の決定となり、一時金は支払われないことに落ち着いた。

小室さんの就活は苦戦続き

三年余り凍結されていた「ご結婚」の話が再び前に動き出したのは、いまから約七カ月前の二〇二一年はじめ、一連の正月行事が済んだ頃といわれる。

その一年ほど前の二〇二〇年初め頃から、眞子さまは秘かに宮内庁関係者に面会し、ご結婚に対する変わらぬ意志を伝え、結婚について前に進めるよう自ら強く働きかけていた。

当時は、秋篠宮ご夫妻がそろって強く反対の意向を示されていたので、宮内庁は具体的に動き出さなかったが、同年十一月の秋篠宮殿下の誕生日会見で「結婚することを認めるということです」というお言葉が発せられたのを機に動きだし、二〇二一年初めころには、年内のご結婚の方針がほぼ内定していた。
決定ではなく「内定」だったのは、宮内庁が小室さんの「生活力」に懸念を示していたからだ。

宮内庁関係者によれば、

「母親の金銭問題よりも、ご本人の就職問題のほうが大事。内親王殿下（眞子さま）の嫁ぎ先が職なしというのは有り得ません」

というのが宮内庁幹部が共有していた考えだった。

小室さんは二〇二一年五月には米国のフォーダム大学法科大学院を修了することが見込まれていた。その二カ月後の七月にニューヨーク州の司法試験を受験。大学院の成績が最優秀の次の「優秀ランク」であることから合格はほぼ間違いないといわれたが、合格したからといって即収入につながるわけではない。

年内の結婚を進めるのに重要なのは、法律事務所から就職内定を得ることだと宮内庁は考えていた。司法試験に関しては、「今年不合格だったとしても翌年にチャレンジすれば済むことだ」と語る宮内庁関係者もいたほどだ。

こうした宮内庁の考え方は小室さんにも伝わっていたようだ。フォーダム大の友人に

「何としても卒業までに内定をもらわなくてはいけない」と語っている。

就職活動を始めたのは、二〇二〇年の秋。同級生のうち早い学生は第二学年だった前年からスタートして内定をもらっていたので、小室さんは遅いほうだった。いくつかの事務所のインターンを受けたものの、なかなか色よい返事はもらえずに何度も厳しい現実を突きつけられたという。

ボストン郊外の一軒家も物色

そうした苦しい状況の中、ようやく一筋の光が差したのは二〇二一年春のこと。ローウェンスタイン・サンドラーという法律事務所から内定が出た。ただし、当初の採用はアソシエイト弁護士ではなく、法務助手（ロー・クラーク）としてだという。

ローウェンスタイン・サンドラーは、ニューヨークやシリコンバレーのパロアルトなど全米五カ所に拠点を持つ、従業員数三百五十人程度の法律事務所で、千人以上の規模の巨大法律事務所が多いアメリカでは大手とは言い難いが、〇八年から急成長し、専門誌によれば、二〇二一年度の評価は全米百三十七位という。小室さんはテクノロジー分野を担当するといわれている。

「大学院ではＭ＆Ａや資金調達などに関心を持っていましたが、弁護士になるまでは多くの企業のリサーチや書類作成に携わるようです」

とフォーダム大の友人は語る。

法律事務所から無事に内定を得た小室さんがまず行ったことは、眞子さまへの報告と新居探しだった。探したエリアは、職場に近いマンハッタンが中心だったが、高額の家賃を払っても狭い部屋しか借りられないため、セキュリティのいい一軒家を求め、一時はボストン郊外にまで対象を広げたともいう。紹介された幾つかの物件の外観や間取りを３Ｄ映像で確認したり、実際に自分で物件を見に行ったりもしたそうだ。

「お二人は、公園など緑の木々が見える場所を理想とされていたようです」（現地の不動産業者）

天皇皇后両陛下は、小室さんの近況について報告を受けた際、周囲の期待に応えようと頑張りすぎているのではないか、と気にしておられたという。

「小室さんは小さい頃から、母親の期待に応えようと音楽や英語を懸命に学び、立ち居振る舞いの仕方なども注意して来られた。眞子さまと出会われてからも世間の批判を浴びる中、海外生活を送りながら法律を学び、司法試験合格に向けて進んできた。皇后さまも海外で生活をしながら学ぶ大変さをご存知なだけに、相当なストレスもあるのではないかと気遣っておられました。陛下もまた身体だけは壊さないようにとお話しになっているそうです」（宮内庁関係者）

小室さんの性格は、母親よりも横浜市役所の技術系職員だった父親に似ているといわれている。目標を達成するため一心に努力するのは、自ら命を絶った亡き父や母親と同居する母方の祖父を喜ばせたいという思いもあるのかもしれない。

ご結婚までの三つのハードル

小室さんの就職内定で、年内のご結婚の環境は整った。当初の予定では、新型コロナの感染者数も鑑《かんが》みながら東京五輪・パラリンピックが終わり、九月前半の天皇ご一家のお引越しが終わってから、新聞あるいはテレビによる報道を受けて正式発表という段取りだった。

ところが、読売新聞が九月一日に朝刊一面トップで「眞子さま年内結婚」と打ち、眞子さまがご結婚後、米国で生活を始められることや、結婚の関連儀式を行わないことを報じてしまった。さらに三日には、菅義偉首相が退任の意向を示したことで予定が大きく狂ってしまったといわれている。

九月十六日には、ＮＨＫが〈小室圭さん　近く帰国見通し　宮内庁　眞子さまとの結婚発表準備〉とスクープしたが、九月末の時点でも宮内庁からは、眞子さまご結婚に関して正式な発表が一切ない。宮内庁関係者は「緊急事態宣言が解除されてから」と表向きの理由を語ったが、実は、ご結婚までに越えなくてはならない幾つかのハードルがあり、宮内庁内はスケジュール調整に追われていた。

一つ目のハードルは、眞子さまのご入籍やＮＹへお発ちになるまでの仮住まいの手配の問題だ。菅首相が退任の意向を示したため、衆議院選挙の予定は当初の十月中から任期満了後の十一月七日、あるいは十四日投開票にずれ込むことになった（編集部注：実際の投開票は十月三十一日に行われた）。ご入籍や仮住まいへの引越しの予定は、ちょうどその頃にあたっていたため再調整の必要が生じたのだ。

二つ目のハードルは、入籍後も日本に滞在し、十月二十日の上皇后美智子さまと十二月二十三日の上皇陛下のお誕生日のご挨拶に出席されるかどうかという問題。コロナ禍で実現できるか、ということもあるが、両陛下は、孫たちの中でもとりわけ眞子さまをかわいがられていたという事情があったため、可能な限り出席の方向で調整したいところだった。

三つ目のハードルは、眞子さまの皇籍離脱にあたり唯一行われる可能性がある儀式「朝見の儀」の問題で、これが最大の難題だったようだ。ご結婚前に執り行うのか、それとも見送るのかという問題とともに、天皇陛下が執り行い、皇后陛下も出席される重要儀式であるため、日程調整が必要となったためだ。

天皇は朝見の儀にこだわった

自民党総裁選の後、十月四日の臨時国会で新首相指名と組閣が行われるため、天皇陛下は同日、総理大臣の親任式と閣僚の認証式を行なわなければならなくなった。

そもそも十月から新年にかけて天皇陛下は最もお忙しくなる時期だ。神嘗祭《かんなめさい》（十月十七日）、新嘗祭《にいなめさい》（十一月二十三日）をはじめ、十二月には賢所御神楽《かしこどころみかぐら》の儀、大正天皇例祭、節《よ》折《おり》の儀などの祭祀に臨まれなくてはならない。加えてご公務はもちろんのこと、新春のご家族お揃いの写真撮影、歌会始の和歌のご準備もある。宮内庁は、準備に追われる両陛下に新たなご負担をかけてしまうことに苦慮していたのだ。

秋篠宮殿下と眞子さまは、結婚式はじめ、「納采の儀」（結納にあたるもの）や「告期の儀」（婿の使者が日取りを通知すること）、「入第《じゅだい》の儀」（婿側の使者が迎えに来ること）などすべて行わないご意向だ。これらは、秋篠宮家と小室家のみで最終的に決められることなので行われない公算が高い。

ただ、「朝見の儀」は、天皇に決める権限がある。眞子さまが天皇皇后両陛下にお別れのご挨拶をするというだけでなく、眞子さまが皇室から離れるという皇籍離脱の象徴的な意味もあるため、当初、天皇陛下ご自身が行ったほうがよいというご意見をお持ちだったといわれた。

「陛下としては、儀式の重要さもさることながら、眞子さまの将来へのご配慮もあるといわれています。時を経て、眞子さまが皇室の仕事に携わることもあるかもしれないので、その時に戻りやすくするためにも、一つのけじめとして行っておいたほうがいいとお考えのようでした」（宮内庁関係者）

だが宮内庁は儀式を行うことで、小室さんに対する国民のアレルギーが長引き、皇室全体のイメージに影響するのではないかと懸念していた。

そもそも眞子さまのご婚約内定発表を急いだのは、初孫としてかわいがっていただいた天皇皇后両陛下（現・上皇上皇后）に朝見の儀を行っていただきたいという希望があったからだといわれる。当時の皇太子ご夫妻（現・天皇皇后）は、眞子さまと小室さんの会見をご公務先で知って驚かれたという経緯があった。周囲には、今回、朝見の儀を行わなければ、天皇家と皇嗣家の不仲が再び取りざたされかねないと余計な心配をする声もあった。

現在の天皇陛下の深い思いやりに、果たして眞子さまが承知なさるかという問題は残されているが、いずれにせよ、宮内庁としては、天皇陛下のご意向を汲んで日程調整を進めるのに手間取ったようだ。こうして眞子さまご結婚の正式発表は遅れたまま、事態は進展していくことになった。

初めてのパスポート

九月二十七日、小室さんはニューヨーク出発前に病院でＰＣＲ検査を受けてから帰国した。肩まで伸ばした髪を後ろで束ねた小室さんは報道陣には何も応えずに、新型コロナ対策のため横浜市内の自宅へと向かい、十四日間の隔離生活に入った。

母親の佳代さんとも久しぶりの再会だ。佳代さんは、勤務先の洋菓子店と労災をめぐってトラブル中であっただけに息子の帰国は心強いに違いない（編集部注：その後佳代さんは勤務先を退職）。

一方、眞子さまは九月三十日に、岐阜県多治見市で行われる「国際陶磁器フェスティバル美濃’21」の名誉総裁として開会式にビデオメッセージを寄せられるが、これが最後のご公務となる。五年半勤めた自然史博物館「インターメディアテク」を退職され、ＩＣＵ大学院も退学される。

眞子さまと小室さんの再会は、三年二カ月ぶりとなる。まずは小室さんが秋篠宮皇嗣邸で両殿下にご挨拶を済ませ、ご対面はその後になるといわれている。

十月中には、婚姻届を出される予定だが、眞子さまは一般の人が提出する戸籍謄本の代わりに皇統譜の謄本を出される。陛下の妹の黒田清子さんのご結婚の時には、宮内庁の職員がお二人の新居のある地元区役所に届け出たというが、眞子さまの場合、新居は米国であるため、提出先は、ご出発まで過ごされる予定のお住まいがある区役所か、小室さんの実家のある横浜市の区役所ではないかと見られている。

婚姻届が受理されると、新たな戸籍が作られ、眞子さまは晴れて「小室眞子さん」となり、皇統譜から除籍される。入籍後、皇族時代は不要だったパスポートを申請。眞子さまは年末か年明けに、初めてのパスポートを持って民間会社の飛行機で米国に渡り、海外生活をスタートする予定だ。

愛子さまのご結婚への影響は

天皇皇后両陛下は、九月二十日に改修工事の終わった御所に移られた。引越し前の宮殿にいらした頃、ご家族お揃いで皇居内を散策なさったり、ジョギング中の陛下の横を母娘が自転車で伴走されたり、陛下と愛子さまお二人がジョギングをされるのに皇后陛下が自転車で伴走されたりしている。お三方でバレーボールやバドミントンをなさった時、両陛下は愛子さまの球を打つ速さや重さに改めてご成長を感じられたそうだ。

眞子さまのご結婚は、皇室全体に影響を及ぼした。結婚の関連儀式を行わないことは戦後の皇室では初めてのことで、ご本人の希望で外国で暮らされた元皇族も前例がない。

十二月のお誕生日に成年皇族になられる愛子さまは、いよいよご結婚も視野に入ってくる年頃だが、婿選びについては慎重にならざるを得ないと漏らす宮内庁関係者もいる。

「天皇家の長女と秋篠宮皇嗣家の長女とではお立場に違いがあるので、愛子さまのご結婚時に儀式を行わないということは、まず考えにくいですね。ご両親は、お相手については愛子さまのご意志を尊重するでしょうが、御父上のお妃選びの時のように周囲が候補者をピックアップして、検討していただくこともあるかもしれません」（元東宮職）

眞子さまが小室さんとの結婚について、「生きていくために必要な選択」と述べられたことは、愛子さまにとってとても心に残る言葉だったという。愛子さまは、眞子さまの選択から何を学ばれたのだろうか。

（編集部注：最終的に、眞子さまと小室圭さんは二〇二一年十月二十六日に結婚。婚姻届は渡米前に滞在したマンションのある渋谷区に提出された。ご結婚に関する儀式は「朝見の儀」を含めすべて執り行われなかった）

第三章　小室家の謎

©吉田暁史　小室圭さんと佳代さん

小室母子の言動を「脳」から考える

中野信子（脳科学者）
文藝春秋二〇一九年四月号

二〇一七年のご婚約内定、そして小室さんの母である佳代さんの金銭トラブルが報道されて以来、眞子さまと小室さんのお二人に対する世間の関心の高さには驚かされました。

これまで公務を真摯《しんし》にこなされ、国民の期待に応えてこられた眞子さまのお幸せを願う、国民の気持ちの反映といえるでしょう。

ゴールドウォーター・ルール

眞子さまと小室さんについてお話しする前に皆さんに知っておいていただかねばならないのは、通称「ゴールドウォーター・ルール」として知られている自主規制です。これはアメリカ精神医学会の倫理規約セクション七・三にあり、公的な人物の精神面について意見を求められるという状況下で、一般的な精神医学問題に関する専門知識を人々に提供することはできるが、正式な検査を行わずに、専門家として当該人物についての意見を公に発言することは非倫理的だとするものです。科学・医学が持つある種の権威が特定の人物を攻撃するために濫用《らんよう》されることを防ぐという目的があります。

　この淵源は一九六四年、共和党の大統領候補バリー・ゴールドウォーターに関する記事をあるアメリカの雑誌が掲載したことにあります。「千百八十九人の精神医学者が、ゴールドウォーターは精神的に大統領に不適任としている」という内容でした。ゴールドウォーターは大統領には選出されていません。記事の影響は正確には測定できないながら、その後の名誉毀損訴訟でゴールドウォーターは勝訴しています。

　眞子さまや小室さん、佳代さんに、私はお会いしたことすらありません。ですから今回は、科学的な知見についてはごく一般的なお話をするにとどめます。お人柄についての私見もいくらかは述べていきますが、それらはごく個人的な感想であって、科学的に吟味された内容ではないということをご承知おきいただきたいと思います。

　本来私は、科学の立場を離れたところでも、面識のない方については発言を慎重にすべきだという考えを持っています。ただ、国民の多くが高い関心を持ち、時には耳をふさぎたくなるような表現が聞かれたり、心ない憶測なども飛び交う中、私見ではあっても敢えてお話しすることで、ご参考にしていただけるならという思いでお伝えしていきます。ご理解くだされば嬉しく思います。

眞子さまと小室さんのご婚約が内定したのは二〇一七年九月のことでした。国際基督教大学（ＩＣＵ）の三年生の頃から、五年に渡り交際を重ねたお二人の初々しいご様子に、世間の祝福ムードは高まりました。

「解決済み」文書を公表

ところが、年末に入り、佳代さんと元婚約者との金銭トラブルが報じられます。佳代さんが婚約中に受け取った四百万円以上のお金を、元婚約者が「返してほしい」と要求していたのです。

翌一八年二月、宮内庁が納采の儀を二〇年に延期すると発表し、十一月に秋篠宮さまは誕生日会見で、「二人が結婚したいという気持ちがあるのであれば、それ相応の対応をするべきだ」とおっしゃいました。

この発言を受けて、一九年一月、小室さんは、佳代さんの金銭トラブルについて、マスコミを通じて文書を公表しました。しかし、この文書の文言は、世間に新たな反発を生んでしまいました。

〈（婚約解消の際に）支援や慰謝料の点を含めて金銭的な問題はすべて解決済みであることを二人（母と元婚約者）は確認した〉

〈多くの報道において借金トラブルが残っているとされていますが、（中略）母も私も元婚約者の方からの支援については解決済みの事柄であると理解してまいりました〉

と、〝解決済み〟であることを強調しました。

この認識は、「金銭は貸したもので、返済をお願いした」という元婚約者の主張と、正面から食い違うものです。

たしかに強い印象を与える文書であったとは思います。少なからぬ人が驚きを感じたことでしょう。

ただ、金銭トラブルは、すでに弁護士が間に入った案件です。ですから、「解決済み」という言い方をせざるを得なかったという側面はあるでしょう。その言葉の選び方を小室さんの「人格的な問題」と短絡的に結論づけることは難しいでしょう。

元婚約者への感謝と敬意はどこへ

しかしながら、多くの人が驚きを感じたであろうその違和感の本質は、金銭トラブルについての解釈の違いそのものではないと私は考えます。むしろ元婚約者の男性に対して、感謝と敬意を全く感じさせない振る舞いを、小室さんが堂々としたことの方に国民は衝撃を受けたのではないでしょうか。

〈婚約解消時の確認事項に反する突然の要求に驚いた〉とか、〈元婚約者の方のご意向を測りかね〉という文言を目にした元婚約者は、自分の気持ちがないがしろにされたと感じたでしょう。

元婚約者が貸したお金は、小室さんのICUの学費や、米国への留学費用、アナウンススクールの費用などに充てられました。

金銭だけではありません。元婚約者は、小室さんが大学の寮を引き払う際に、横浜からICUのある三鷹まで車を出す、小室さんの誕生日を祝うために汐留のタワービルにあるフレンチレストランでの食事を予約するなどしたそうです。

文書の内容次第では、眞子さまとのご成婚で小室さんの成長に自分が役に立てたと、元婚約者が納得し、満足する展開もあり得たかもしれません。

「圭君はすばらしい女性に選ばれるような男性として、立派に成長してくれた。自分と、自分のお金がその役に立ったのなら、まあいいか」という認識を持つことができたかもしれないのです。

ところが小室さんの態度はそこまでの説得力を持ちませんでした。こうした場合は、感謝の念を伝え続けることが有効な戦略になり得ます。私が小室さんだったら、こうお伝えするでしょう。

「残念ながら、母とあなたはうまくいきませんでしたが、僕はあなたのことをずっと、父のように尊敬し、感謝の気持ちをいつも持っていました。今、耳をそろえて四百万円を返すことはできないけれども、必ずあなたのことは大事にしますから、どうか待っていてください。この先、将来も安心してください」と。

小室さんはあくまで「もらったお金だから返す必要はない」とスジ論を展開し、一時的にせよお世話になった方を突き放してしまった。

これは世間的にも納得感が得られない論理展開です。自分の教育費に使われたのですから、世間では「返すべき」という声の方が大きい。その世論を読むことができなかった、ということになります。

ただ小室さんは、勤務先の弁護士事務所の先生にも、「小室くんはいい男です」と評されるだけの対人能力をお持ちです。また、留学の面倒をみたり、勤務先の事務所を紹介した女性弁護士にも、資格を取ったら手伝ってほしいと頼まれていたそうです。年長者の懐に入って可愛がられる、気遣いのできる面をお持ちなのでしょう。その配慮を、元婚約者の方にはなぜ向けることができなかったのか、疑問は残ります。

脳の〝共感〟を司る機能

私が小室さんに初めて違和感を持ったのは、一七年九月のご婚約内定会見のときでした。会見で小室さんは、「宮さまは私のことを月のように静かに見守ってくださる存在」と、眞子さまを月に例《たと》えました。

直前の発言で、眞子さまが小室さんについて「最初に惹かれたのは、太陽のような明るい笑顔」とおっしゃったので、〝太陽と月〟と、対で表現したのでしょう。

この発言は直後から話題になりました。華やかな太陽が自分で、太陽に照らされて光る月に眞子さまを例えたことは、もう少し謙虚であってもよかったのでは、という意見も見られました。小室さんが、「眞子さまは、僕が照らすことで輝く」という意味で、このたとえを使ったとは思いません。ただし、そのように受け取られて批判を受ける可能性に配慮できなかったことに一抹の不安を覚えました。

相手が今何を求め、何を言わんとしているのかを認知する、いわば〝共感〟を司る機能は、脳の「眼窩《がんか》前頭皮質」という場所にあります。この機能が高い人は、共感性が高く、社会的に望ましい振る舞いができると考えられています。

眞子さまとご結婚ということになれば、この先、公の場で発言する可能性も出てくる、世間の目にさらされ、適切な振る舞いを求められるようになる。その時、小室さんはこの高い基準を満たすことができるだろうか、まだ若いから努力の余地はあるところだけれど、かなり苦労があるのではないか、というのが当時、私の胸に去来した不安でした。

小室さんと佳代さんの母子については、お二人の関係が成人した男性にしては近すぎるのでは、と懸念する声も聞こえます。小室さんが大学生のときに「湘南江の島　海の王子」に選ばれたためか、佳代さんも小室さんを「うちの王子」と呼ぶことがあるという報道がありました。また、どこへ行くのも一緒で、最寄駅で別れ際にハグをしていたとか、大学生の小室さんに「圭ちゃん、あれはダメ！」「これはいけない！」と事細かに注意したり、小室さんが米国に留学するときには、「ホームレスの人には触ってはだめよ。結核が感染《うつ》るから！」と言い聞かせたという元婚約者の友人の証言をベースにした報道もあります。

母親から対人関係の様式を引き継いだ可能性

母親の意向を過剰に忖度《そんたく》して振舞う一人息子と子離れできない母親、のように映るのでしょうか。他者の家庭の話であり、多くの人は特に自分の生活に影響があるとは考えにくいですが、なぜかこうした振る舞いには関心が持たれるようです。
「予言の自己成就」と呼ばれる現象があります。心理学では、予言とは、当たるものではないのです。自分に関して言われた言葉について、自ら予言が成就するように、なぜか人間は振る舞ってしまう。そのために言われた言葉が本当に実現してしまい、あたかも予言が当たったかのように見える、ということです。

例えば、「あなたは、この先三カ月の間に出会った人と運命的な恋に落ちます」と言われたとします。三カ月間で出会う人間は、何百人もいます。それだけの数の人がいれば、相性が合う人は一人ぐらいいる。そういう人と出会ったときの気持ちの盛り上がりを、「これが予言された運命の恋だ」と思いこみ、「予言が当たった」と思ってしまうのです。

「言葉の縛り」は、人間の脳に意外なほど大きな影響を与えているのです。「あなたは本当にきちんとした、真面目な人ですね」と上司に評価された次の日に、さしたる理由もなく平凡なミスをしてしまったりすると、どうにも後ろめたい気持ちになることでしょう。

小室さんにも、同じような心理状態が働いたのかもしれません。「あなたはきっと、素晴らしい女性と結婚するのよ」と、ずっと言われていたら母親の眼鏡にかないそうなタイプの女性と出会ったときに、「運命の女性だ」と思ってしまうでしょう。

小室さんが一時付き合っていた女性は、有名料理店の社長令嬢だそうです。彼女とお付き合いを始めたと知り、佳代さんは「圭ちゃん、その人良いじゃない！」と興奮して喜んだと、佳代さんの元婚約者の友人は証言しています。

親の言葉は、子供に大きな影響を与えるものです。母親に喜んでもらえる人と結婚して、母の期待に応えよう、と子が思うのは不自然なことではありません。

対人関係のパターンを「内的作業モデル」といいます。子の内的作業モデルは特定の養育者（多くの場合は親）の内的作業モデルを学習して踏襲されるのですが、例えば、自分に非があっても、相手に対して強硬な態度を取るタイプの親であれば、子も同じような行動をする可能性が高くなるでしょう。これはパターンができてしまうと大人になっても大きく変わらないと考えられています。「三つ子の魂百まで」と俗に言われる現象です。

佳代さんの言動が多くの人の関心を呼ぶのは、小室さんにこうした対人関係の様式が引き継がれている可能性を考えるからではないかと思います。

権威を認知する「内側前頭前野」

眞子さまは、秋篠宮ご夫妻や天皇皇后両陛下（現・上皇上皇后）、また側近の人たちにとても大事に育てられた女性です。両陛下の孫にふさわしい高い品位を持ち、望まれるペルソナ（人物像）から逸脱しないことを無意識にご自分に課してこられたと拝察されます。

反面、皇室の外の世界に強い関心をお持ちでもいらっしゃるご様子です。大学進学にあたっても、皇族が多く通う学習院大学でなく、一般教養や語学を身に付けた上で専門分野に進みたいというお考えから、教養課程をカリキュラムに持つＩＣＵに進学されました。また、ご卒業後も東京大学総合研究博物館の特任研究員として週に三日、丸の内に通勤されています。

お顔立ちも眞子さまは秋篠宮さまに似ていらして、その知性を濃く受け継がれている方であると、ごく個人的には愚考致します。秋篠宮さまは名門学術誌である『ＰＮＡＳ（米国科学アカデミー紀要）』に論文を発表されるほどの方です。知的水準の高い方であればなおさら、限られた役割を担う以上の何かを成したいという意思の生起はごく自然なことでしょう。そのとき、自由で爽やかな雰囲気を持った男性が親しげに近づいてきたとしたら、どうでしょうか。

皇室という存在は、現在の日本で最も高い権威を持ちます。それゆえに皇族の方々はさまざまな行動を制限されているともいえます。ときには孤独をお感じになるのではないでしょうか。友人といえども一般人と同じように付き合うことは憚《はばか》られるでしょう。自由な校風の大学であるにせよ、正真正銘のお姫様である眞子さまの周囲には〝遠慮する空気〟があったのではないでしょうか。

権威やブランドの価値を認知するのは、前頭葉の一部の「内側《ないそく》前頭前野」です。逆に言えば、権威に対して恐れを感じず、臆せず接近するには、この領域の機能が邪魔になることもあるということです。

私の周りには、容姿も美しくて教養があり、経済的にも精神的にも自立した素敵な女性たちがいます。そういう女性がパートナーとして選ぶ相手は、やはり教養も経済力も地位もある男性かといえば、そうとも限らないのが現実です。

こうした自立した女性に対しては、気後れする男性も少なくないでしょう。自分がふさわしいかどうか逡巡もするでしょう。ある種の権威を認知している状態と言えます。

反対されるほど恋は燃える

しかし、そんな中、フランクに近付いて来る男性がいたら、気持ちは揺れるのではないでしょうか。年齢も経験も重ねているアラフォーの、一般の女性でさえそうです。

大学へ入学した眞子さまにも、もしかしたらそんなことが起こったかもしれません。小室さんは「海の王子」に選ばれた爽やかな容姿の持ち主であり、その上、アナウンススクールの履歴書に、「国際社会に対する理解が人一倍ずば抜け」「無論、英語力は話すまでもない」と記すなど、自己評価の高さも窺えます。

一般論になりますが、自分に強い自信を持ち、相手の気持ちに左右されず臆することのない男性は、女性の目に非常に魅力的に映ることがわかっています。

必ずしも真面目で控えめな人がモテるわけではありません。自信満々の「上から」のアプローチが時には異性に有効であるのも事実です。

もちろん眞子さまも、秋篠宮さま、紀子さまからの苦言、また世間での小室さんの評価などを鑑みられ、苦しいお気持ちを抱えていらっしゃることと拝察します。

しかしながら、恋愛感情は反対されるほど高まるものです。禁じられればそれだけドーパミンによる快楽は強まります。つまり、人間にとって禁じられた恋愛ほど甘美なものはないのです。

「私が支えてあげなければ、彼は生きていけない」「皆様には分かってもらえなくても仕方ない」と耐える方向に行く人もいます。相手を支えて耐える状況に、快感を覚えるメカニズムもまた脳にはあるのです。

秋篠宮さまが紀子さまとご婚約なさるときは、昭和天皇の喪中で、ご自身も英国留学中だったことや、兄の皇太子さま（当時）より早く結婚なさることに批判がありました。しかし、強いお気持ちでご両親は結ばれました。先ほど「内的作業モデル」について説明しましたが、眞子さまも秋篠宮さまの意思の強さを受け継いでいる可能性があります。

結婚は一つの解決策

ただし、眞子さまと小室さんがご結婚されたとしても、夫婦関係が良好な状態で長続きするかは別問題として扱わねばなりません。眞子さまにとって小室さんは、新しい世界の扉を開いて見せてくれる存在でしょう。異性に限らず、人間はみな「この人は私の知らないものを持っている」と感じると、その人に対して好奇心と好意が自然と湧くものです。

一方で、離婚の原因として常に上位に「性格の不一致」がランクインします。この現象は、お付き合いの当初に出ていたドーパミンが三年ほど経過すると分泌されなくなることが理由です。相手の持っていた目新しさがもはや魅力ではなく、不協和音の原因となってしまう。関係を良好な状態で長続きさせることを目指すならば、自分と相手にあるギャップには寛容に接し、ギャップ以外の部分をどれほど慈しみ、敬意をもって愛せるかを見極める必要があります。

ご結婚された後に、眞子さまがおつらい思いをされないだろうか、一抹の不安を覚えないではありません。ただ、極端な結論かもしれませんが、私は、眞子さまが小室さんと結婚なさることが一つの解決かもしれないと考えています。もし周囲が懸念するように、うまく行かず、仮に離婚という帰結を見ることになったとしても、眞子さまの人生には豊かな得難い経験として刻まれていくのではないか、このまま周囲の方々の反対の声が強くなり、中途半端な状態が続けば、眞子さまは追い詰められるばかりで、そのことのほうがむしろおつらいのではないかとも思うのです。

ただ一つ強調したいのは、眞子さまがどんな選択をされたとしても、国民が眞子さまを応援したいと思う気持ちはとても強いということです。眞子さまがこの先、ご自身の人生を自らお決めになり、力強く幸せを勝ち取っていかれることを、多くの国民は望んでいます。

二十八枚の小室文書が晒した被害者意識

江森敬治（毎日新聞編集委員）
片山杜秀（慶應義塾大学教授）
河西秀哉（名古屋大学准教授）
山口真由（信州大学特任教授・法学博士）

文藝春秋二〇二一年六月号

江森　秋篠宮さまは二〇二〇年十一月の誕生日会見で小室圭さんに対し、小室家が抱える金銭トラブルについて、「対応が目に見える形になる」ことを求めました。今回、小室さんが公表した二十八枚にわたる説明文書はその回答と言えるものです。

国民に向けての文章ではない

河西　私は、こんな論文調の文書が出てくるとは夢にも思いませんでしたね。正直な感想を言うと、学生の出来の悪いレポートを読まされた印象があります。私は象徴天皇制の研究をしているので、皇族が書かれた文章や記者会見の文章を読みますけれど、それに比べると「うーむ」という感じ。本文の前に「概要」が四ページもあってけっこう長い（笑）。もう、そこで挫折しそうになりました。さらに脚注が十三ページもあるから、とにかく読みづらい。

片山　裁判の上申書のような印象ですね。私は思想史の研究をしていて裁判記録をよく読むんですが、この文書はそれによく似ている。

山口　私もそういえば、法律家の卵だった時に、背伸びしてこういう文章を書いたことがありました（笑）。一流の法律家を目指すなら、全体のストーリーや言い回しを含めて、改善の余地はありますが。

江森　大切なのは中身です。文書には、「私と眞子様の気持ち、そして結婚に対する思いに変わりはありません」とあります。しかし、残念ながら、文書公表後、世間の祝福ムードは高まっていません。

河西　要するに、これは「国民に向けての文章」ではないんですよ。国民にわかってもらおうとする文書ではない。

片山　この文書をステップにして金銭トラブルを解決したい、そして秋篠宮さまや宮内庁に結婚を認めてもらいたいというのがある。だから言質《げんち》を取られない形で最大限弁明し、何もツッコまれない内容にしておきたい。何かを「伝える」文章ではなく、「守り」の文章だと。叩かれることを恐れている人間だったら、私でも同じように書くかもしれない。あまり好きな文章ではないですけど。

小室家の主張

江森　経緯を振り返ると、眞子さまと小室圭さんの婚約が内定したのは二〇一七年九月です。同年末に小室さんの母親と元婚約者の間に約四百万円の金銭トラブルがあったと報じられました。秋篠宮さまは、二〇一八年十一月の誕生日会見で、「多くの人が納得し、喜んでくれる状況」にならなければ、婚約にあたる「納采の儀」は行えないと話しました。つまり、秋篠宮さまは、ずっと金銭トラブルの解決を求めてきました。

河西　だからこの文書では、小室さんがこの間何もしていなかったわけではなく、いつ元婚約者の方に連絡したか、いつ話し合いの場を持ったかなどが丁寧に説明されていたので、経過はよくわかりました。

山口　今回文書を出した目的として、「金銭トラブルと言われている事柄に関する誤った情報をできる範囲で訂正する」と書かれています。私はここにまず、「アレ？」と思いました。日本の国民の多くは、眞子さまのお相手に、正しさよりも優しさを、そしてコミュニティの常識を共有していることを期待していたのだと思うんです。

それなのに、小室さんの文書は「僕は優秀なんだ、こんな反論もできるんだ」と徹頭徹尾、自分の正しさを訴えている。

片山　繰り返し「借金を踏み倒した事実はない」と訴えていますね。解決金を払ったらどうかという意見に対しても、解決金を払ってしまうと、「私や母は借金を踏み倒そうとしていた人間だったのだということになります」とかなり強い調子で反論している。「これは、将来の私の家族までもが借金を踏み倒そうとした人間の家族として見られ続けるということを意味します」というわけですが、将来の家族とは眞子さまですね。眞子さまの名誉のためにもお金を返さないと言われても……。

河西　「切実に名誉の問題」とも書いています。でも、国民が知りたかったのはそこではない。少なくとも小室家が家計の苦しい時に元婚約者から四百万円の提供を受けたのは事実なわけです。はじめに元婚約者の方に対する感謝の気持ちが一言でも書いてあれば、その後の説明の受け止め方も変わると思うのですが、その一言がないんです。

江森　通して読んでも、小室さんの感謝の気持ち、誠意が伝わってきません。

山口　小室さんの考える法律論と、日本社会に根づくより広義の〝貸し借り〟の感覚に決定的なズレがあるんだろうと思いますね。小室さんの主張を大まかに整理すると、元婚約者の方から母に対する婚約破棄は一方的なもので、母側に慰謝料請求権があるはずだ。ところが、元婚約者から「返してもらうつもりはなかった」と言われたことを以て、母はその請求権を放棄し、それと同時に、元婚約者が持っていたかもしれない金銭の返還請求権もなくなったというものです。

確かに、小室さんの主張は、法律論としてありえないではないですが、日本社会に今も残る〝貸し借り〟の感覚には合わないのです。苦しい状況を助けてもらった恩に対し、何らかの形で「お世話になりました」と報いるべきという感覚は、前近代的と言われながらも、広く社会に浸透しています。これまで、どうも〝日本的〟とされる価値観と、個人主義的な小室さんの価値観にズレがあるんじゃないかと懸念がありましたが、今回の文章でそれが決定的になった。このいかんとも埋めがたい溝について、この文書はある種の最終通告のようにも思いました。

小室さんも「もらいっぱなし」

片山　この文書で、金銭トラブルに小室さん本人が関わっていたこともはっきりしました。文書では、元婚約者の方が小室さんの母親の求めに応じて圭さんのＩＣＵの「授業料」としてお金を渡していて、小室さんもそれをもらったことを認めている。実際には、そのお金は授業料として使わずに、「すべて私の貯金と奨学金で賄《まかな》っています」と否定していますけれど、つまり、母親だけでなく小室さん自身もお金をもらいっぱなしになっていることを認めているわけです。カリフォルニア大学ロサンゼルス校へ留学した際も、元婚約者から二百万円を送金してもらったまま返していないことも認めている。

　ここで忘れてはいけないのは、小室さんのお母さんと元婚約者の間には、「愛の問題」が当然あったはずだということです。「愛」があれば多少のお金の貸し借りもうやむやになる。でも愛がなくなれば貸し借りの問題が浮上してくる。今になって、いくら互いに「貸した」「貰った」と主張をしたところで、そこは当事者の「愛」の問題だから、真相は藪《やぶ》の中。誰にもわからないことに、我々がこんなにも付き合わされているのか、とふと思ってしまいました。

江森　主張を繰り返すだけでは、金銭トラブルの解決にはなかなか繋がらないと思っていました。そこへ、文書を出して四日後、今度は解決金を元婚約者に支払う意向だ、と小室さんの代理人弁護士が明らかにしました。小室さんの対応はちぐはぐな感じがします。

河西　あれ、名誉の問題はどうなったの？　と思いましたね。今回の文書で私が変だと思ったのは、二〇一九年一月に公表した文書に触れ、「(金銭トラブルを)『解決済みの事柄であると理解してまいりました』という表現は、現在完了形ではなく過去完了形としての表現として書いたものです」と書いている箇所です。自分は解決済みの問題とは書いていないのに、世間が勝手に誤解したと主張しているんですよね。それでももう一度、前回の文書を読み返したのですが、小室さんが言う通りには読めない。ひと言、「誤解を招いてごめんなさい」と書けば良いのに、「間違っているのはあなたたちだ」と読めるような文章を書いてしまう。ここは象徴的で、小室さんは読んだ人がこぶしを挙げたくなるように書いてしまうんです。

片山　少しでも隙を見せると徹底的にやられるという過剰なまでの被害者意識を持っているのではないですか。たぶん元婚約者に対しても、そういう姿勢だから行き違いを続けてきたんだろうと思います。

眞子さまは小室家側に立った

江森　この文書が発表された翌日、秋篠宮家を補佐する皇嗣職大夫が、眞子さまは小室さんと金銭トラブルについて話し合い、今回の文書も相談のうえで公表したと説明しました。小室さんが文書に記した「元婚約者の方とお互いの認識についてきちんと話し合い、ご理解を得たうえで解決する」という対応方針には、眞子さまの意向も反映されていたといいます。そのうえで、眞子さまは「いろいろな経緯があったことを理解してくださる方がいらっしゃればありがたい」というコメントまで発表された。

私がそれを知って感じたことは、眞子さまが小室家側に立ってしまったということです。これはすごく心配です。眞子さまは内親王という重い立場なのです。小室さんと話すよりも、まずはご自分の両親とよくよく話し合ってもらいたい。そして、内親王としてどう対応すべきかを考えなければいけません。

河西　今のお話はすごく重要だと思います。二〇二〇年十一月に出された眞子さまの文書を読んだ時にも、「眞子さま大丈夫かな」と不安に思ったんです。特に違和感を覚えたのは、「天皇皇后両陛下と上皇上皇后両陛下が私の気持ちを尊重して静かにお見守りくださっている」と書いた部分でした。まるで天皇皇后、上皇上皇后を盾にご自分の主張をしているように読めてしまう。眞子さまは結婚すれば現行の皇室典範では将来の天皇の姉であり、小室さんは天皇の義兄になるわけだから、眞子さまが小室さんに話して立場の重さを理解してもらうべきなのに、自分までもが皇室の立場を使ってしまっている。

結婚は「身分」から「契約」へ

山口　私たちがこの問題を危惧するのも、個人の資質だけじゃなく、皇室という家のお話が絡むからですね。私の研究分野である家族法の観点で言えば、結婚が家同士の「身分」の領域から個人同士の「契約」へと向かう流れがあります。例えば、結婚して姓が変わることは、自分の帰属先が実家から婚家に変わることを示しています。つまり、夫婦同姓は、最後に残る結婚の身分的な意義の象徴なわけです。ですから皇族だって、個人の意思のみに基づいて結婚するんだって言われると、確かに憲法にもそう書いてある。でも一つ引っかかるのは、この結婚に身分の要素はないですかというところ。眞子さまは結婚によってはじめて身分から解放され、小室さんには、本人が意図しているかは分からないですけれど、いかんともしがたいステイタスの向上が、結婚とともに付いてくる。お二人は個人としての結婚を主張するけれど、皇室という日本で最高の身分にフリーライド（ただ乗り）しているんじゃないの？　というモヤモヤが残ります。

河西　二人がその点にどこまで自覚的なのかがわからない。ロミオとジュリエットみたいに燃え上がってしまって、周りが見えていないように前々から感じますね。

片山　これは結局、「愛の問題」ですよ。今は引き合う力が強くて、両親や国民、皇室関係者の意向も聞こえないから、暴走しているように見える。愛の力のなせる業です。

山口　いろいろ厳しいことも申し上げましたが「若さゆえ」とも思うのです。昔、私も別れを切り出した恋人に、十二枚の手紙を書いて「別れないで」と迫ったことがあったなと思い出しました……。

片山　私は「愛」については、きっと山口さんの十分の一も経験がない（笑）。そういう人間が言うのもなんですが、好きなものはしようがない。他者の介在には限度がある。あとでダイアナ妃のように不幸になったらと心配する向きもあるかもしれないけれど、現段階では余計なお世話ではないでしょうか。

権威を強化した平成の天皇皇后

河西　この結婚問題は二人の問題にとどまらず、皇室全体に大きな影響を与えそうなところが心配です。片山さんはどう見ていますか。

片山　戦後の皇室は「日本国民の鏡」たろうとし、皇族が如何《いか》に市民感覚をなぞれるかに比重をかけてやってきたのではないですか。そして、戦後の恋愛の一理想は、家に縛られない自由恋愛でしょう。皇族の数が少ないのと、付随する物語がかなり特異なので悪い目立ち方をしますが、基本は現代日本の恋愛の平常運転の域内をなぞる事例で、戦後の皇室のありようの想定内の出来事とも言える。国民も皇族の自由な姿を長年、望んできたのでは？

河西　確かに近年は、皇室がますます我々に近づいてきて、国民の鏡になっているところはあります。一方で、その逆のことをしてきたのが、平成の皇室でした。例えば、上皇ご夫妻は被災地訪問を繰り返し、道徳的な姿を見せてきた。その姿を見た国民は、「政治家はだらしないけれど、皇室はなんて素晴らしいんだ」と思った。そういう意味では、平成の後半に皇室の権威が強化され、より一層国民は畏敬の念を抱きました。そこに小室さんのような人が出てきたから、「私たちと同じじゃないか」と思って反発するんですよね。

片山　平成の天皇と皇后の徳の高さは、国民と対等であろうとする人間らしさを喚起していたと思います。その生き方は戦後民主主義の理想的価値、人権や自由や家からの解放の精神ともつながっている。一般社会では親の同意なく結婚するケースはいくらでもある。いかなる愛も尊重されねばならない。戦後の皇室は「開かれた皇室」でしょう。開かれて日本国民の普通となるべく違わないように演出される皇室の姿が求められてきたと思います。国民がいまさら皇室だけは違うと思おうとしても、一種の手のひら返しのようなもので。でも、これだけ強い反発が起きるのだから、国民の願望はそちらにあるのでしょうね。

自由恋愛とはだいぶ違うかもしれないけれども、上皇ご夫妻も「軽井沢のテニスコートの恋」で結ばれ、戦後的恋愛像を演出なさった。眞子さまと小室さんもその現代的変奏でしょう。やや極端ですが。いずれにせよ、ここまで来ると、なるたけ寛容な態度でお見守りするということではないですか。そしていざというときはお救いし、お助けする。

江森　結婚は当人同士の意思を尊重すべきだという意見は分かります。しかし、眞子さまは、一般国民に比べて自由が制約され、窮屈な環境で暮らしている内親王なのです。片山先生の言葉を、内親王という重い立場の眞子さまにそのまま素直に当てはめてよいかどうか疑問です。「国民と共にある皇室」と、言われます。皇室にとって国民の敬愛と支持が何より大切なのです。多くの人が二人の結婚に不安を感じているとしたら、いろいろ考え直す必要があるのではないでしょうか。

河西　現在の皇室典範では、今後、皇位継承が秋篠宮家に移ります。平成後半の皇太子家は、雅子さまのご体調の問題や、愛子さまの不登校の問題を抱えていて、一時は廃太子と言う人がいたくらい支持を落とし、皇室全体の将来が危ぶまれました。ところが、ある時点から天皇家と秋篠宮家はシーソーのようにその評判が逆転した。それは秋篠宮さまが娘さんをコントロールできていないとか、紀子さまが側近たちに厳しいとか……ネットの反応を見ていると、「皇室は令和で終わればいい」と書き込んでいる人もいるくらい。人々の支持を失っている方に皇位の継承が移るとなると、象徴天皇制なるものの支持基盤そのものが失われる可能性があると思います。

皇族の方々の本音は

片山　結婚するのも離婚するのも人間の自由であって、あくまで当事者の問題。皇室は別という考えが先行して干渉主義的になるのはどうも現代人の態度とは思われない。「王冠を賭けた恋」のエドワード八世のような人が英国王室に出てもらっては困ると言っても、出るときは出る。日本の皇室にも自由な方は出る。

ですから、私はお二人の意思を尊重して、金銭トラブルを解決し、少しでもソフトランディングするようにしてあげるしかないと思います。問題は、それを国民がどれだけ許容し寛大に振る舞えるか。日本人にとって試練だと思いますよ。皇族の減少も含め、いろいろな意味で、いま、「皇室の危機」が訪れているのではないですか。

江森　いまの片山先生の意見にはちょっと異論があります。「皇室の危機」とサラッとおっしゃったのですが、私は普段、国民が皇室に対して無関心でいたことも問題なのではないか、と思うのです。

　というのも私が思うに、この問題は、そもそも眞子さまが早く皇室を出たい、皇室を出て一般国民と同じ様な自由な生活がしたい、というところから出発していると思います。婚約内定会見の発言を見ると、眞子さまはすごく結婚に前のめりです。「お付き合いをする人は結婚を考えられる人でありたい」。これを聞いて、私は違和感を覚えました。何でそんなに結婚をあせらなければいけないのか。いろんな人と恋愛して、より素晴らしい相手を見つけてからでも遅くはないと思うのです。

　一方で、眞子さまに私たち国民と同じような自由があるのかと思うとそうではありません。自由に恋愛することも難しいのでは。まずは、眞子さまが暮らしやすい、伸び伸びと生活できる環境を考えて差し上げることが大切ではないかと思います。

国民は皇族の方々に負担ばかり押し付けて、あとは無関心でなかったのか。「皇室の危機」と言う前に、もっともっと国民から眞子さまたちに寄り添って、彼女たちの本音に耳を傾ける努力をすべきだと思います。私たちのやるべきことは、まだたくさんあります。

退位の意向が突きつけたもの

片山　でも、国民が何もして来なかったとは私は思わないんです。戦後の皇室は国民とともにあり、国民の側も常に皇室に関心を持って、皇室に憧れたり、何かあれば大変だと心配してきた。これからの皇室において考えなくちゃいけないことはたくさんあって、今ここまで来ている恋愛に関しては、分けて考えてもいいのではないか、ということです。

河西　お二人とも正しいと私は思うんです。日本国憲法は皇族と国民とでは完全に建てつけが違っていて、国民にはさまざまな自由が保障されていますが、皇族には職業選択の自由はないし、恋愛の自由もあるようでない。戦後七十年間、この建てつけの違いは少しずつ埋められようとして来た。でも、その溝が厳然としてあることに改めて気づかされたのが、平成の天皇が退位の意向を滲ませた時でした。天皇も人間なんだと当たり前の事実を突きつけられました。眞子さまも同じことを訴えていると言えなくはない。

片山　天皇自ら「やめたい」とおっしゃったことは決定的だったと思います。年を取ると国民との相互信頼を保つためのパフォーマンス能力が保てぬから退きたいと言われたのでしょう。これは終身在位を定めた明治以降、はじめて天皇のありようを根底から覆しました。この上皇のなさりようを見て、天皇ご夫妻は「二人一緒に」という令和流を模索され、秋篠宮家では自由を巡る問題が起きている。連鎖している。

河西さんがおっしゃるように、皇族がだんだん普通の人間に近づいてくるのに対し、それを温かく迎える国民がいるという「美しいドラマ」が長く続いて来た。でも、本当に皇族が普通人になってしまったら、天皇の存在価値を巡る議論についに行き着いてしまうでしょう。「美しいドラマ」の許容度を超える現象が起き始めていることを私は「皇室の危機」と言っているのです。そこで国民の度量が試されるのです。

山口　私は昭和の終り頃に生まれて、皇族の方たちが生身の人間であるということを頭では理解していましたが、それを深く考えたことはなかったし、考えたくはなかったというのが正直なところです。ですから眞子さまが持っている生々しい人間味が私たちの感情をあわ立てているところはあるかもしれません。法哲学者の井上達夫先生は、「天皇陛下は最後の奴隷」と言っていましたが、天皇は国民のために祈り続け、奉仕し続けてくれる存在だとなんとなく思っていたツケが、ブーメランのように返って来ているのですね。

江森　いま、安定的な皇位継承を議論する政府の有識者会議が開かれています。制度ですので、入れ物の話が多いと思いますが、大切なのは中身だと思います。内親王さまたちやご両親たちの声を十分に聞くという視点が抜け落ちてないかと心配です。今回のご結婚問題しかり、女性・女系天皇や女性宮家問題も、その当事者は、愛子さま、眞子さま、佳子さまという三人の内親王たちです。いくら制度について議論したところで、内親王たちが早く窮屈な皇室を出たいと考えていたとしたら……。

私たち主権者である国民は、彼女たちの本音を、ほとんど知らないのではなかろうかと危惧しています。日ごろから、国民の間で議論をして、眞子さまたちが暮らしやすい環境などを考えて差し上げることが大切ではないかと思います。

土壇場で道を開く日本

片山　私は非常にクラシックな考え方かもしれませんけれど、憲法や皇室典範をいじれば、つまり仕組みを変えれば、うまく行く、安心できるという議論にはどうも懐疑的なのです。皇族、宮家、皇位継承者を増やすとか、そういう工夫をすれば安定軌道に戻せると思っている人も多いと思うのです。けれど、日本の歴史を振り返ると、本当に切羽詰まっていないところで制度をいじっても、逆にうまく行かなくなることが多い気がするのです。

河西　それはどうしてですか。

片山　私の興味で申すと、たとえば陸軍の酒井鎬次《こうじ》将軍は、戦前に欧米を見習って、日本に戦争指導のための実権ある会議体を作る研究をした。ところが結論は、「日本では、そんなものは作らないほうがいい」。結局、本当に困るところまで行かないと、立場を超えて本気で考えて合意が取れないのが日本の政治文化ということです。そこまで行かないうちに仕組みをいじっても混乱を招き、将来に禍根を残すだけだと。事実、意思決定のシステムを曖昧にしたまま、土壇場まで陸軍も海軍も文民も四分五裂して勝手をして、御聖断で解決したのが終戦でしょう。

行くところまで行ったときに不思議とたちまち落ちるべきところに落ちる。右の頭山《とうやま》満《みつる》もリベラルの長谷川如是《にょぜ》閑《かん》も、日本論となると不思議とそういう話になる。私もそこが日本らしさの肝だと思う。現在の有識者会議を批判する訳ではないのですが、皇室の建てつけを変えるよりも、皇族のために本当に親身になれる侍従を付けて離さないとか、皇族の仕事について国民が考え直すとか、畏れ多い話ですが皇族の倫理について内々の教育を見直すとか、構造改革の努力を積み重ね、本当の土壇場で自ずと最善の道を開く。それが日本です。

山口　今後はどうなるんでしょう。みなさんは、眞子さまは無事に小室さんと結婚されると思いますか。

江森　結婚の行方は正直言って分かりません。一つは、このコロナ下では、アメリカにいる小室さんも帰国が難しいでしょう。多くの国民が大変な思いをしている中で、おめでたい結婚の話を進めてよいものなのかどうか。「国民と苦楽を共にする」という皇室のあり方から見て、どうなのかという思いもあります。

河西　私は、例えば、解決金を支払う折にでも、小室さんが自分の口からご説明するのが良いのではないかと思います。文書だとどうしてもきつく感じる。丁寧に説明する姿や質問に答える誠意を見せれば、少しでも受け止め方が変わる人もいると思います。そうなれば「納采の儀」をして、正規のプロセスでご結婚する道もあるのではないでしょうか。

片山　でも、記者会見をやったら、逆の反応が起きる心配もありますよ。文書なら時間をかけて書けますし、読み手によっていろいろな解釈ができますが、会見ではその場の受け答えになるので。余計なお世話ですけど（笑）。正規のプロセスではないとしても、私はもう静かに降嫁していただくしかないと思います。

小室さんのアピール力

山口　これは私の勝手な想像ですが、晴れてご結婚となれば、お二人はニューヨークで暮らしたいと思っているんだろうなと思います。でも現実は厳しいですよ。ニューヨークでそれなりにセキュリティがあるマンションで体面を保って生活していくためには年収は数千万円くらい必要です。小室さんが弁護士になっても、これほどの年収を稼ぐのはそう簡単ではありません。

一方で歴史の浅いアメリカにおいて、「ロイヤル」はものすごく価値がありますから、二人はもてはやされるかもしれない。メーガン妃が「サセックス・ロイヤル」を商標登録しようと考えたのは、そういうアメリカ社会をよく知っているからです。ニューヨーク社交界でセレブとしての地位を獲得して、華やかな交友を広げることを考えてらっしゃるのかもしれませんね。

江森　でも、皇室のあり方から遠ざかれば、ますます反発を招きかねません。

山口　小室さんはニューヨーク州弁護士会主催のコンペで準優勝しています。論文の表題は「社会的企業のためのクラウドファンディング法改正の可能性への課題と示唆《しさ》」。これはセンスがいいです。ホットイシューであるクラウドファンディングと社会的企業を選び、かつその論文をニューヨークの実務家主催のコンペに出すのもセンスがある。表を使ってとてもトレンディにまとめる力もある。ただし、思索を突き詰めて真実にたどり着く、または、多大な資料を労力を惜しまずに読み込むというタイプではないかもしれません。際立ったアピール力というのが、他を補ってあまりある彼の才だとすると、自分を評価してくれるコミュニティにばっちりハマれば、成功する方だと思います。

　私が心配なのは、万が一結婚生活がうまく行かずに離婚した場合です。元皇族を経済的に支えるセーフティネットが果たして眞子さまに残されているのか。これだけみんなが小姑みたいに心配して反対して、それでも結婚を選ばれた後、社会は彼女に戻る場所を用意してあげられるのか、それだけの寛容さが私たちの社会にあるのかが心配です。

江森　私が取材した範囲ですけれども、結婚して民間人となった眞子さまが、離婚しても秋篠宮家に戻ることはできません。戻る家はないのです。秋篠宮も名乗れません。姓もどうするのでしょうか。国民と違う点が多いのです。ですから眞子さまを国民と同じように考えて、軽々に「駄目なら離婚すればいいのだ」と、言って欲しくないのです。とにかく、眞子さまが幸せになる方法を今、真剣に考えてもらいたいと思います。

国民と皇室に求められる「柔構造」

片山　言わずもがなですけど、それはやっぱり、結婚しないほうがいいということですか？

江森　眞子さまには幸せになっていただきたい、ということです。それに尽きます。その意味からも、結婚相手をより慎重に考える必要があると思います。そしてご両親とよく話し合って欲しいのです。眞子さまは頑なにならずに、「結婚のチャンスはまだある」と、もっと柔軟に考えていただきたいと願うばかりです。

河西　眞子さまが小室さんと結婚すれば、お二人はいずれ天皇の姉と義兄になりますから、どうしたって注目され続けます。象徴天皇制がこれからどうあるべきか、国民と皇室でもっとキャッチボールすることが必要であることは確かでしょうね。

片山　私は皇室が存続してゆくには、小室さんのような存在も織り込める力が必要と思います。つまり柔構造ですね。そうでなければ、この世界的に価値観の多様化する時代に耐えられますまい。真に揺れないためにいつも揺れている。それが柔構造でしょう。もちろん皇室だけが柔らかくてもしようがない。結局、国民が柔らかくなれるか否か。そこに尽きてくるのではないでしょうか。

小室佳代さん　一九六六年生まれ「ひのえウーマン」の上昇志向

酒井順子（エッセイスト）
文藝春秋二〇二一年七月号

川嶋紀子さんと礼宮《あやのみや》さまとの婚約が内定したとのニュースが飛び込んできたのは、私が大学を卒業して会社員となった、一九八九年の夏のことでした。

一九八九年は、昭和が終わり、平成になった年です。一月早々に昭和天皇が崩御されてから半年余り後、喪中の皇室から突如発表されたのが、お二人の婚約内定という明るいニュースでした。

紀子さまのご結婚に「早い！」

報道によれば、川嶋紀子さんは一九六六（昭和四十一）年生まれで、私と同い年。会社員生活に慣れずあっぷあっぷする毎日で、結婚など思いも寄らなかった私は、同い年の女性がもう結婚するという事実に驚きつつ、テレビで紀子さんを見ていたことを覚えています。

お二人はその翌年に結婚し、「紀子さん」は「紀子さま」となりました。結婚の翌年には第一子の眞子さまが、その三年後は、第二子の佳子さまが誕生することになります。

当時、女性が二十三歳で結婚することは早婚の部類に入りました。紀子さまの結婚当時、女性の平均初婚年齢は、二十五・九歳。「女性が二十五歳をすぎると、売れ残り」というクリスマスケーキ理論は、女性の平均初婚年齢が二十四歳代だった七〇年代の話です。

特に東京の、それも四年制大学を卒業した女性に限って見れば、平均初婚年齢はさらに上だったはず。極めて私的な印象ではありますが、自分の周囲にいた東京の大卒女性達は誰も結婚しておらず、だからこそ紀子さまの結婚には「早い！」という印象を覚えたのです。

もう一つ特殊な印象を覚えたのは、紀子さまが就職せずに結婚したという点でした。学習院大学を卒業後、紀子さまは同大学院に進学し、在学中に結婚したのです。

我々が就職活動をしたのは、バブル景気の只中。空前の売り手市場であり、大学生は皆、さほど苦労せずに内定を得ることができました。

さらには我々は、男女雇用機会均等法の施行から四年目に就職した、「均等法第一世代」

になります。やる気がある女子学生は総合職として就職し、男子と同じ仕事をすることが可能だったのです。

だからこそ私には、大学院に進学したとはいえ、就職せずに結婚した紀子さまが特異に見えました。語学も堪能な帰国子女だというのに皇室に入るとはもったいない、とも。

クリスマスケーキ理論が生きていた時代の女性は、四年制大学を出ても就職が難しく、特に学習院のような大学においては、卒業後ほどなくして結婚する女性が多かったようです。すぐ結婚しなかった女性達は、結婚するまでの期間を「花嫁修業中」「家事手伝い」といった肩書きで過ごしていました。

紀子さまの結婚は、その時代の女性の結婚のように見えました。

「上つ方は、世間の風に当たった女性とは結婚しないものなのか」

と、私は世間の風を全身に受けつつ思ったもの。

その後、浩宮さまが小和田雅子さんという、世間の風を知る女性と結婚したことにより、

「上つ方の好みも色々である」と、私は知りました。働くことの充実感を知っているプリンセスと、社会に出ずに婚家へ入ったプリンセスという意味において、雅子さまと紀子さまのカラーははっきりと分かれたのです。

「嫁業」に徹する強さ

紀子さまは四十歳になる直前、悠仁さまを出産します。その時私は、「この方は単なる古風な女性ではなく、実は底知れぬ強さを持っている」と思ったものでした。

雅子さまは、「ハーバード」「東大」「外務省」といった眩しい経歴を背負って浩宮さまと結婚し、皇室に新しい風をもたらしたけれど、婚家に適応することには苦労された。対して紀子さまは、社会を見ずに結婚したけれど、だからこそ迷いなく婚家の色に染まり、「嫁」としての役割に徹したのではないか、と。

下々の世界においても、「個人としての私って？」といった懊悩《おうのう》とは無縁に、婚家の奥底まで躊躇《ちゅうちょ》なくダイブする「嫁」がいるものです。女形が本物の女よりも女らしく見えるように、そういった「嫁」は、次第にその家に生まれた人よりもその家の人らしくなり、最後には大きな権力さえ握ることになる。

聖心女子大学を卒業した美智子さまもまた、就職せずに皇室に入った方でした。美智子さまの時代、四年制大学への女性の進学率は、二パーセント台。大学進学は、特別なエリートや上層階級の女性のみがすることでした。大卒女子が就職することはさらにレアケースであり、正田美智子さんもまた、実家から皇室へと嫁いだのです。

結婚生活の中では様々な苦難があったものの、結果的には、婚家において最も「らしい」空気をまとうことになった、美智子さま。しかし美智子さまの時代は、女性は嫁業に徹するのが当然だったのに対して、紀子さまは女性が自己実現を求める時代に育ちながら、古風な方向で自分を生かす選択をしています。悠仁さまを出産した紀子さまに私が改めて感じたのは、時代に流されない強さというものだったのでしょう。

いつまでもバブル気分

しかしやがて勃発したのが、小室家騒動。眞子さまと小室圭さんの婚約内定報道の頃までは、「やはり紀子さまの娘、自分の道は自分で見つけたのね」と感心していたら、圭さんの母・佳代さんの金銭トラブルが明るみに出て、事態は風雲急を告げることに。

その時に私が衝撃を受けたのは、小室佳代さんが紀子さまと同い年、つまりは自分とも同い年だということでした。映像で見る限りにおいては、失礼ながらかなり年上の人だと思っていた佳代さんもまた、一九六六年生まれだったのです。

一九六六年は、丙午《ひのえうま》の年でもあります。六十年に一度巡ってくる丙午に生まれた女の子は男を食い殺す、といった迷信のせいで、我々が生まれた年は前後の年と比べて、出生率がガクッと下がっている。

生まれた人数が少ないので、その後の人生における競争も少なく、バブルもあって、就職活動も楽々。……ということで、我々はバブル崩壊後、「いつまでもバブル気分のまま」「使えない」と言われた世代です。

しかし紀子さまと佳代さんという丙午の二人は、タイプは異なるものの、それぞれ並外れた強靭さを備えているように見えます。この強さは丙午のせいなのか？……ということで、「ひのえウーマン」との特集を組む女性週刊誌もありました。

過去、不倫騒動で話題になったことのある斉藤由貴も小泉今日子も、「ひのえウーマン」。丙午の女はやはり強烈だということで、

「仕事も恋も強気に自分らしく！　それが〝ひのえウーマン〟の生きざまなのだろう」

と、その女性週刊誌には書かれていましたっけ。

小室佳代さんは一九六六年に生まれ、神奈川県で育ちました。ちなみに八月二十七日に佳代さんが生まれた十五日後の九月十一日に、紀子さまは静岡県で誕生しています。

佳代さんは神奈川県内の短大を卒業し、横浜市役所に勤務する夫と結婚します。第一子

である圭さんを出産したのは、紀子さまの第一子出産と同じ一九九一年の十月ということで、二人の人生は奇妙なほどに重なっているのでした。

「女子大生ブーム」の到来

紀子さまの結婚には「早婚」のイメージを当時持ったと書きましたが、佳代さんにとって二十三歳は、短大を卒業してから三年後。同じ二十三歳での結婚でも、紀子さまのそれと佳代さんのそれは、多少意味が違っていましょう。

紀子さまと佳代さんが高校を卒業した当時、女性の四年制大学への進学率は、十三・七パーセントでした。同進学率が五十パーセント超の現在と比べるとかなり低いのですが、かといってこの頃、美智子さまが大学に進学した当時のように、女子大学生にエリート的なイメージがあった訳ではありません。

それというのも一九八〇年代には、「女子大生ブーム」と言われる現象がありました。一九八三年から始まったテレビ番組「オールナイトフジ」では、オールナイターズと称した現役女子大生達がとんねるずにいじられ、ラジオでは文化放送「ミスＤＪリクエストパレード」で、川島なお美や向井亜紀等の女子大生ＤＪが人気に。「JJ」「CanCam」といった雑誌でも女子大生読者モデル達が活躍。もちろん川嶋紀子さんはそのようなブームとは無縁だったでしょうが、女子大生はぐっとカジュアルな存在となっていました。

この時代の女子にとっては、短大という進路も、大きな存在感を持っていました。ひのえウーマン達の四年制大学への進学率は前述の通り十三・七パーセントでしたが、短大進学率は二十・八パーセント。「高卒はちょっとナンだけれど、四年制大学へ行くほどでも……」という人は、短大へ進学したのです。

その後は人気が下降して数々の短大が廃止され、短大への進学率は激減しました。が、当時の女子にとっては、ほどほど感のある進学先として、短大は人気があったのです。

結婚による階級上昇を体験

小倉千加子さんは『結婚の条件』（二〇〇三年　朝日新聞社）の中で、かねて女性学の分野で言われていた「短大生パーソナリティ」について言及しています。短大を出て腰掛け的に就職した後は、結婚とともに仕事をやめて家庭に入り、経済的に夫に依存するというその生き方は、「高卒者の堅実さとも四大卒者のキャリア志向とも違い、家庭でのパワー拡大を目指し、自分の女性的ジェンダーの特権を決して捨て」ないというもの。短大隆盛期までの短大卒女子に、この「依存結婚」を目指す傾向は顕著だったのだ、と。

佳代さんが結婚した相手は、横浜市役所に勤務する大卒男性でした。自分よりも学歴が高く、安定した仕事につく男性との結婚は、佳代さんにとって「上昇婚」でもありました。

それは、特別に野心的な結婚だったわけではないのでしょう。自身がキャリアを積む道を歩むつもりはなかったであろう佳代さんが安定した生活を送ろうとする時、「自分より上」の結婚相手を欲することは、当然だったのではないか。

当時は、「三高」という言葉が流行《はや》ってもいました。女性達が結婚相手に求めるのは、学歴、身長、年収が高い男性、との意だったのですが、しかし女性達は、むやみに高さを求めたわけではありません。現実的には、その三条件が「自分より高い」男性を、求めていたのです。

三高は、日本人に色濃くしみつく「男が上で、女が下」との意識によってもたらされた結婚条件です。家事能力以外は男が「高」の方が夫婦関係は安定するものであり、そうでない場合は、女が男を「立て」なければならない。女性の学歴や収入、はたまた体格も向上してきたものの、男性側はまだ「高」な女性の扱いに慣れていなかったからこそ、女性は自分よりも「高」な男性と結婚した方が、面倒が少なかったのです。

今は三高よりも、「家事・育児を一緒にする」とか「平穏な性格」といった条件の男性が、女性にとっては人気です。階級上昇などどうでもいい人も目立ち、何かを目指すならば相手の力ではなく自身の力で、との傾向も強くなりました。だからこそ「妻の邪魔をしない夫」が、求められるようになったのです。

対して我々の時代は、何となく「上」は目指した方がいいのではないか、との空気が世を覆っていました。自分の力で上昇するか、結婚相手の力で上昇するかという二つの選択肢が見えた時、佳代さんは後者の道を選び、自分より「高」な相手と結婚したのです。

結婚による階級上昇を体験したことにより、佳代さんはさらなる夢を、息子の圭さんに託したように見えます。圭さんは小学校から私立校で学び、その後はインターナショナルスクールの中学高校から、国際基督教大学へ。国際派のおぼっちゃま風の進路を歩みました。

佳代さんの夫は、圭さんが十歳の時に他界し、佳代さんは息子の教育費等を、元婚約者の男性に頼ったようです。それが貸与だったのか贈与だったのかが問題になっていますが、いずれにせよ佳代さんは、自身でキャリアアップして息子の教育費を捻出する手法も、お金をかけずに息子を育てる手法も、とっていません。それがバブル的と言うのかひのえウーマン的と言うのか、はたまた短大生パーソナリティ的と言うのかはわかりませんが、他者の力を引き出して上を目指すという夢にブレがないことだけは、確か。限界を定めず、依存を諦めない強さを、佳代さんは持っています。

「ローマの休日」の王女のように

圭さんは大学で眞子さまと出会い、交際。紀子さまが長女に進学先選択の自由を認め、また佳代さんが夢を諦めなかったからこそ、二人は出会いました。同じ年に生まれて同じ年に子供を産んだ、紀子さまと佳代さんという二人の女性の人生は、ここで交錯することになるのです。

究極のお嬢様である眞子さまは、結婚による階級上昇など、望んでいません。自身の出自が「高」すぎて望みようがないのであり、むしろ「ローマの休日」の王女のように、相手が庶民だからこそグッときた部分も、あるのではないか。

自身は結婚による階級上昇を果たしている紀子さまに、そんな娘の気持ちは理解しづらいことでしょう。「ローマの休日」の王女の恋は一日で終わりましたが、眞子さまの恋は、終わりそうにありません。

結婚を「自分たちの心を大切に守りながら生きていくために必要な選択」とした、眞子さま。氏素性よりも「心」なのだと信じる眞子さまの強さこそ、両ひのえウーマンを凌駕《りょうが》するものなのだと私は思います。

第四章　秋篠宮家「自由な子育て」の源流

宮内庁提供（2018年8月）この頃、眞子さまのご結婚は暗礁に乗り上げていた

秋篠宮「やんちゃな弟」から懊悩する皇嗣へ

保阪正康（ノンフィクション作家）

文藝春秋二〇一九年二月号

秋篠宮殿下は二〇一九年五月、父・平成の天皇と兄・皇太子徳仁《なるひと》親王の御代替わりにともない皇嗣となる。

皇嗣とは耳慣れない地位だが、実質的には皇太子である。皇太子と雅子妃に皇子がいないため、将来は第二位の皇位継承者として天皇の地位に就く可能性が高い。二〇二〇年四月の立皇嗣《りつこうし》の礼に向け、秋篠宮家の職員が大幅に増員されるのは、そういった事情があるためだろう。

弟宮は「皇統の控え」

弟宮とは、本質的に難しい存在だ。日本でも、歴史を振り返れば、弟宮の扱いに天皇周辺は気を使い、待遇に苦慮する時代もあった。そういう時代に比べると、秋篠宮は恵まれているといえるかもしれない。

昭和の終わりから平成にかけてのころ、昭和天皇の一歳下の弟宮である秩父宮殿下について、まだお元気だった妃殿下や側近に話を聞き、評伝を書いた（『秩父宮』中公文庫）。そのとき感じたのは、弟宮という立場の苦しさであった。

例えば、天皇家には明治天皇らにより帝王教育が整えられていくが、第二皇子以下の弟宮の教育に特別な形は準備されなかった。それは明治天皇にも大正天皇にも弟宮がいなかったからでもある。

近代日本で初めて第二皇子として誕生した秩父宮に施された教育内容を端的に表現するならば、「あなたは天皇になるかもしれない。しかし、天皇になることを自ら望んではいけない」というものだった。これは矛盾をはらんだ過酷な要求であり、ご本人をある意味、残酷な立場に追い込むものでもあった。母である貞明皇后はそのことを十二分に察し、秩父宮には少年期から、その苛酷さをねぎらう書簡を送ったりしている。

しかし昭和天皇や秩父宮の意思とは別に、宮中内部には近代日本になって初めての第二皇子や二人の弟宮（高松宮殿下、三笠宮殿下）の存在に警戒する声はあった。本人たちの意思とは別に、権力集団の対立に利用されるのではないかというのである。元老西園寺《さいおんじ》公《きん》望《もち》は、秘書の原田熊雄に漏らしている。

〈今の秩父宮とか高松宮とかいふ方々にかれこれいふことはないけれども、或は皇族の中に変な者に担がれて何をしでかすか判らないやうな分子が出てくる情勢にも、平素から相当に注意して見てゐてもらはないと、事すこぶる重大だから、皇室のためにまた日本のためにこの点はくれ〴〵も考へておいてもらはなければならん〉（原田熊雄述『西園寺公と政局』）

周囲の目がこうであれば、秩父宮や高松宮といった昭和天皇の弟宮たちは、「皇統の控え」として常に緊張状態を強いられることになる。だが、「兄宮を補佐する」という抽象的な役割は与えられていても、具体的に天皇が弟宮に政務や軍務を相談したり、助言を求めるといったシステムはなかった。

二・二六事件　秩父宮への疑惑

そういった状況に置かれながら、秩父宮は周囲の期待に応えるため皇室行事に勤め、軍人としての日々の生活に臨んでいた。昭和十五年に三十八歳の若さで結核を発病したのだが、秩父宮妃が「当時は非常に厳しいスケジュールで、私の管理が行き届きませんでした」と後悔とともに振り返った発言が印象的だった。

それにもかかわらず昭和初期の秩父宮には、国家改造を企図する青年将校に利用されるのではとの懸念はあった。昭和十一年の二・二六事件のときには、一部の将校が秩父宮を立てていたのではないか、そして秩父宮自身もその意思があったのではないか、というのであった。特に第一師団の歩兵第三連隊に勤務していたときの部下の将校が決起に加わっていたために、そういう声はルーマア（噂）を交えて広がった。

弘前《ひろさき》連隊に勤務していた秩父宮は、この事件当時、兄宮や軍上層部の諒解を得て上京してきた。それは秩父宮自身も証言しているように、兄宮を補佐して事件の鎮圧に協力するためだった。その事実を曲解し、秩父宮が青年将校の要請に応じて上京したとの論は、きわめて根拠に欠けているように、私には思える。

あえて私なりの結論を補完するならば、近代日本の情報閉鎖集団、あるいは軍事的機能をもとにつくられている社会空間にあっては、第二皇子やその他の弟宮たちは、本人の意思と関係なく、その真意が疑われるということがいえた。天皇を神格化した時代には、とくにそれが顕著であったといっていい。秩父宮はあの軍事主導時代の犠牲者といえると私は考えている。

しかし現代は民主主義の時代、そして言論の許容範囲が広がっている時代である。兄宮と弟宮との間に憶測が介在する時代ではない。

私は昭和天皇と秩父宮殿下の時代を、まったく立場の異なる皇太子（五月からの新天皇）と第二皇子（五月からの皇嗣）の時代と見て、改めて軍事主導の時代がいかに悲劇的であったかを確認すべきように思う。そうすれば、皇室の安寧は民主主義が前提となることも次第に明らかになるだろう。

定期的に開かれる「三者会談」

「開かれた皇室」にあって天皇と皇后の目は、長男と次男、それぞれの役割を明確に捉えているように思う。

そのうえで、天皇・皇太子・秋篠宮が天皇家として一体となっているのは、天皇の深いお考えからだろう。くり返すが昭和の時代は、昭和天皇、秩父宮、高松宮、三笠宮がそれぞれに繋がる回路が存在しなかった。例えば、高松宮が何か提案しても、他の兄弟が知ることは難しかったし、ましてや連携して事にあたることはなかった。いわば、それぞれの宮様は「タコつぼ」状態に置かれていたといっていい。

今では定期的に親子三人の「三者会談」が行われ、そのような弊害を防いでいる。秋篠宮は、天皇と兄宮を結ぶ役を務めるように思う。

宮内庁詰めの記者によると、宮内庁関係者はよく「秋篠宮殿下は成長された」と証言する。「やんちゃな自由人」だった礼宮時代から比べると、人間的な幅が感じられるというのだ。秩父宮の時代とは異なり、弟宮である秋篠宮は、しっかりとした立場と役割を与えられた。それが大きいのではないかというのである。

将来の天皇の兄に望むこと

皇嗣という立場に立つ前に、秋篠宮のさし迫った課題は眞子さまの問題であるとの見方は、一概に否定できない。ただこの問題について、私は一般社会の常識、あるいは社会的に成熟した目で見るべきだと思う。

秋篠宮家の長女の眞子内親王と婚約者とされる小室圭氏の結婚について、本来ならば慶事であるはずであった。ところが二〇一八年十一月に五十三歳をむかえた誕生日会見で、秋篠宮は、週刊誌などで報道されている小室家の借金問題について、「婚約前ですので、人の家のことについて私が何か言うのははばかられますけれども、（中略）それ相応の対応というのは大事」と発言された。その上で「多くの人がそのことを納得し喜んでくれる状況」にならなければ、「婚約に当たる納采の儀というのを行うことはできません」と踏み込んで意見を述べられた。

もとを辿れば、眞子さまと小室圭氏の婚約予定について山本信一郎宮内庁長官が記者団に明かしたのは、二〇一七年の五月のことだ。しかし、九月の婚約内定会見から三カ月後、小室氏の母親が知人男性から四百万円以上を提供されながら、それを返済していないとある週刊誌が報じた。

これを受けて翌年三月に予定されていた納采の儀は延期となり、結婚関連の諸行事は二年後に延期されることが決まった。ところが小室家から一切の説明がないまま現在に至っているようで、小室氏は二〇一八年夏から三年間の予定でニューヨークのフォーダム大学に留学している。この問題は、眞子さま、佳子さま、そして悠仁さまの順調な成長を見守ってきた秋篠宮家にとって、初めての挫折と言っていいのかもしれない。

小室氏の母親は、金銭問題について贈与であるから返す必要はないとする立場を取り、秋篠宮家が相応の対応を求め、貸し手の男性が今も返済を求めているのに無視している状態だという。

天皇家を歴史の流れで見つめる視点でいうなら、この問題は天皇家とか皇室の次元とは別に、きわめて低レベルの社会的生き方が含まれている。こうした「借金を返せ」「いや借金でない」といった問題は、当事者間のやり取りであり、これを皇室内部に持ち込まないでほしいというのは、誰しもが思うことである。

私自身は、秋篠宮発言は当然であり、社会の常識であると思う。社会の常識が通らないということ自体、問われて然るべきことである。

あえていうなら、眞子さまと結婚することは、将来の天皇の兄になることであり、天皇にきわめて近い存在となる。そういう立場にふさわしい社会的常識を持っているかどうかは国民的関心事だ。

眞子さまのご結婚について秋篠宮ご夫妻は当初、そろって認める姿勢を示されていた。学生時代からの付き合いを実らせて恋愛結婚をなさったお二人だから、惹かれあう男女が一緒になることは喜ばしい、と考えていらしたのだろう。

しかし「開かれた皇室」とはいえ、皇族には世間一般と同じ自由な恋愛が許されるわけではない。ご降嫁されても天皇のご親戚であり、その配偶者の職業や暮らしのことで皇室のイメージを悪くする事態があってはなるまい。

皇室の人たちは、一般社会の価値観と必ずしも一体化する必要がない、と私は思う。むしろ人間本来の良質の人倫を代表するのが、皇族の役目ではあるだろう。

だがこの一点だけは、皇族にも一般人にも指摘できるように思う。

〈経済関係にルーズな人物は決して他者に信用されない〉

これは社会常識である。この点で言えば、皇室にはいつの時代にも良き側近、良きアドバイザーが求められるのであろう。眞子さまについて言えば、男性とのお付き合いや内親王の立場について諫言を辞さない人物が必要だろう。世間との盾になる側近は、皇室のディグニティ（威厳）を保つためにいつの時代にも求められている。

前述した元老の西園寺公望はまさにそういう側近の一人だった。

平成の天皇の教育参与だった小泉信三は、昭和二十四年にその職を任じられたときに、少年皇太子の教育にあたる心構えを自らのメモに残している。そこには良きアドバイザーに徹するとの意味を含んでいた。

小室氏に関わる金銭問題は、立皇嗣を控えている秋篠宮が乗り越えなければならない試練かもしれない。秋篠宮家と結婚を考える眞子さまとは、もっか冷戦状態という宮家内部の動きも伝えられる。

小室家とどのような折り合いをつけるのか、一般社会が納得する解決を見出すことができるか。皇室と国民との窓口が期待される皇嗣としての当面の大きな課題である。

宮内庁長官への苦言を教訓に

秩父宮や高松宮、そして三笠宮の弟宮たちは、昭和天皇の時代にその意思を代弁する役は求められなかった。天皇は神格化されていく一方で、日常的には国民の前に姿をあらわさなくなっていくのだが、秩父宮はある時期に明治神宮体育大会などに積極的に出席を求められている。天皇にかわって視覚上の代弁者になってほしいというのであった。

秋篠宮は新しい御代で、上皇となられる陛下や、新天皇に即位される皇太子が立場上触れにくいことを国民に伝える代弁者の役割も果たされることになるかもしれない。

そういった将来像が垣間見えたのが、お誕生日会見での「大嘗祭」（天皇の即位後最初の新嘗祭）についての発言である。

発言は、次のような趣旨だった。

「大嘗祭は絶対にすべきものだと思う。ただ、宗教色が強いものであり、それを国費でまかなうことが適当かどうか疑問だ。平成のときの大嘗祭も国費でまかなうべきでないと考え、多少意見を言った。今回は、前回を踏襲することが決まってしまったが、今でもすっきりしない感じを持っている。私はやはり内廷会計で行うべきだと思っている。相当な費用がかかるが身の丈にあった儀式の形で行うのが本来の姿ではないか――」

国費の負担軽減の観点から、秋篠宮の言葉は国民に好意的に受け止められた。私自身、これほど明確に発言されることに驚き、その内容には共鳴した。記者との質疑応答の中でごく自然に発せられたと聞くが、日ごろの持論だとも考えられた。

この発言が重要だと思われるのは、費用云々《うんぬん》のことよりも、「宗教色が強いものであり国費でまかなうことが適当か」という問いかけのほうである。秋篠宮は、より本質的に、政教分離のけじめを国民に訴えかけたのである。こういう本質的な問いかけが皇室の側からあったことを国民は重く受け止めるべきだろう。政府と対立することを恐れずに発言したことについて、私は秋篠宮を高く評価したい。

一方、秋篠宮の発言の後半には、長官らへの苦言もあった。

大嘗祭の費用について、「宮内庁長官などにはかなり私も言っているんですね。ただ、残念ながら（中略）話を聞く耳を持たなかった。そのことは私は非常に残念なことだったなと思っています」と語ったというのである。

この発言について、私は注意して受け取る必要があると考えている。私たちは、社会生活や人間関係の中で、「聞く耳を持たない」という言葉がどれほど強い言葉かというニュアンスが分かる。しかし、皇族にはその機微を学ぶ機会は限られている。

「聞く耳を持たなかった」というのも、社会で用いる強い批判の意味はこめられていなかったのではないか。言葉の理解を私たちと共有していない可能性がある以上、天皇家が用いる言語感覚を読み解く素養は、私たちにも求められるように思う。

秋篠宮が発言する機会は今後増えるだろう。今回のような言葉が強い意味を持ちうることは、側近の者が秋篠宮に伝えなければならない。秋篠宮と宮内庁長官の関係がどうあれ、結果的に、この発言は秋篠宮と宮内庁、そして皇室と政治の対立を印象付ける結果になってしまった。五月から迎える新しい御代には、重要な教訓となるのではないか。

美智子皇后（現・上皇后）の第二皇子への思いは、やはり皇太子の補佐役として、あるいは皇統を守ることへの覚悟を促し、見守ることにあるのだろう。同時に皇后ご自身の役割を歴史の中に位置づける意識を常にお持ちになっておられるようだ。

私は二〇一八年十月、皇后のお誕生日のおことばを受けて、朝日新聞に次のような一文を寄せた。

〈明治以降の歴代皇后は天皇を後ろから支え、積極的に目立つことを控えた。一方、美智子さまは天皇陛下から一歩引く姿勢を見せつつ、発信や姿を見せることを通し、国民に存在感を示してきた。これは、歴代皇后像の中で大きな変革を起こした〉

私としては、昭憲皇太后、貞明皇后、香淳皇后の近代日本の三人の皇后よりはその存在意義が大きいと考えていた。しかし後日、ある宮内庁職員から、私に誤解があるようだとの指摘を受けた。

明治時代の昭憲皇太后がどれほど社会福祉施設やさまざまな機関を行啓されているか、大正時代の貞明皇后も、昭和時代の香淳皇后もどれだけ行啓され、そしてそのような社会活動を活発に行われているか、それらを図示したものを見せられた。この施設には九十回、どこそこには百二十回とか、とにかく具体的に正確に調べあげられたリストだった。

その宮内庁関係者は資料を示しながら、「歴代の皇后もこのようにご公務をなさっていた。平成に入ってからこれまでと異なる、新しいことをなさっているのではない」と説明した。「なるほど」と、私は納得した。決して美智子皇后だけが特別なのではないというのであった。

これは自戒にもなるのだが、皇室報道にはまだ充分な調査も行わないでという形が多いようにも思う。むろんそれは報道する側にも問題はあるとも考えられるが、秋篠宮はそういう状況を敏感に感じ取り、宮内記者会などとの会見では、代弁者の役を買って出ているのかもしれない。誰かが行わなくてはならない役を引き受けているのかもしれないと考えることもできる。

「天皇と科学技術とナショナリズム」の時代

昭和という時代を表すキーワードが「天皇と戦争と国民」だとすれば、平成は「天皇と政治と災害」と総括することができるのではないか。

それでは次の御代の特徴は何かと考えると、私は「天皇と科学技術とナショナリズム」ではないかと思う。

科学技術については、ＡＩやロボットなどの技術革新がさらに進み、医療や戦争において人間の手が介在する場面が少なくなる。そのときにヒューマニズムは変質するのではないか。機械化された医療や、生身の人間が戦地で戦わない戦争においては、ルネッサンス以来の「人間主義」は自然と廃《すた》れる。

また、グローバル化が一層進展すれば、各国のナショナリズムも変化する。地球規模で国の利益を調整しながら、環境問題や経済問題を考える必要が生まれるだろう。

　実はそう考えると、皇太子や雅子妃は新時代にふさわしい存在なのかもしれない。皇太子の水の研究は、政治とは異なる次元で地球環境に貢献できる分野であろう。雅子妃の国際性は言うまでもない。

　しかし、価値観が流動化する国際社会においては、新しい天皇が身をもって存在価値を示していくことが必要になる。平成の天皇・皇后は考えに考え抜いた末に、共に助けあい、行動する「象徴天皇」像をつくりあげたのである。

　平成最後の年、天皇は誕生日（十二月二十三日）に向けての記者会見で十六分強にわたり、自らのメッセージを国民に向けて発表した。幾つかの場面では、声をつまらせ、涙ぐんで、沖縄への思い、被災者への心配り、そして戦争の犠牲となった人たちへの追悼などを述べられた。

　そのなかで譲位することにふれ、「新しい時代において、天皇となる皇太子とそれを支える秋篠宮は共に多くの経験を積み重ねてきており、皇室の伝統を引き継ぎながら、日々変わりゆく社会に応じつつ道を歩んでいくことと思います」との思いを発している。「天皇を支える皇嗣」という役割を秋篠宮にも託している。第二皇子の役割を、天皇みずから伝えたことになるが、それをどのように具現化していくかは、秋篠宮の考えや判断によることになる。

悠仁さまにも「帝王学」を施すことになるとすれば、その役割はますます重くなり、名実ともに真価が問われることになるはずである。

（編集部注：立皇嗣の礼は新型コロナウイルス感染症の感染拡大の影響により延期され、二〇二〇年十一月に規模を縮小して行われた）

「どうして小室さんでダメなのか」紀子さまの父、川嶋辰彦さんの結婚観

斎藤智子（元朝日新聞記者）

文藝春秋二〇二二年一月号

秋篠宮皇嗣妃殿下紀子さまの父、川嶋辰彦さんが二〇二一年十一月四日午前、都内の病院で息をひきとった。八十一歳だった。

「とても穏やかな最期でした。痛みも、感じなかったと思いますよ。眠ったまま、静かに、逝ってしまいました」

と妻の和代さんは語る。

学習院大学名誉教授。経済学部で長く教鞭をとった。同時にタイの山村で四半世紀にわたり、少数民族の生活改善のために力を尽くしたボランティア活動家であり、教育者でもあった。

どんな人にも分けへだてなく丁寧に接し、タイや日本の若者から「タツ」と呼ばれて慕

われた。

縁あって、三十四年にわたって、お話をきく機会を得た。くちはばったい言い方だが、取材する人、される人、という関係は、とうの昔に超えていたと思う。

結婚は当人同士で決めること

生前の思い出を語りたい。

「どうして小室さんでダメなのか、僕にはさっぱりわからない」

孫の眞子さんの小室圭さんとの結婚について、風当たりが強かったころ、どう思うかを尋ねてみたことがある。その時の、川嶋さんの反応だ。

そして、手帳を取り出し、カリール・ジブランというレバノン出身の詩人の詩を読んでくれた。

《あなたの子は、あなたの子ではありません……あなたを通ってやって来ますが、あなたからではなく、あなたと一緒にいますが、それでいてあなたのものではないのです……あなたの家に子供の体を住まわせるがよい。でもその魂は別です。子供の魂は明日《あす》の家に住んでいて、あなたは夢のなかにでも、そこには立ち入れないのです》

「ね、いい詩でしょ？」

と、共感を求めた川嶋さんの顔を、いまも忘れられない。

小室さんの人格や家の事情について、川嶋さんが特に詳しく知っていたわけではないだろう。ただ結婚は本人同士が話し合って決めることであって、誰も関与してはならない。そんな、強い信念を持っていた。

娘の紀子さまの結婚のときも、そうだった。

初めて川嶋さんに会ったのは一九八七年、川嶋さんが学習院大学経済学部教授のころだった。宮内庁担当だった先輩の内藤修平記者に連れられて、東京・目白にある大学の研究室を訪ねた。

「本人に直接聴くよう」

娘の紀子さまが、同じ学習院大学で一年先輩の「礼宮さま」（現・秋篠宮文仁《ふみひと》皇嗣殿下）と親しく交際している。そんな情報を内藤記者はいち早くキャッチしていた。

皇室ではこの時期、礼宮さまと兄の浩宮さま（現・徳仁《なるひと》天皇陛下）が、そろって結婚適齢期を迎えていた。誰と結婚されるのか、については、今以上に世間の関心が大きかった。

いた。

新聞社としては、「宮さまの結婚相手」はなんとしても「トクダネ」で報じたいと思っていた。

当時、私は三十代前半。支局勤務を経て東京社会部記者となり、事件はもちろん、上野動物園のパンダの妊娠や中国残留孤児の親探し、大学の教育改革など、実にさまざまなテーマの取材に関わっていた。

先行していた内藤記者の取材に若い私が加えられたのは、「女性の視点」から、お相手の女性をみてほしいという会社の考えがあったように思う。今思うと、なんとも時代遅れで取材相手にも失礼な話だが、当時は大真面目だった。

そもそも新聞社は、長らく典型的な「男の職場」だ。ニュース記事は男性が書くもので、女性はニュースの「ネタ」になる側だった。「結婚までの腰掛けではないか」「夜勤や宿直ができるのか」等々の理由で、女性記者の採用には社内の反対も根強かった時代だ。

私にも入社以来、「初の県庁クラブ女性記者」など「初モノ」の肩書きがついて回っていた。百人を超す大所帯の東京社会部に女性記者はほんの四、五人。最も若い私はパンダ並みの注目度で、女性のからむ取材はなんでも降ってきた。

初めて訪れた川嶋さんの研究室は本や書類が積み上げられ、いかにも教授の仕事場然としていた。机の上に、幼い紀子さまの小さな写真が飾ってあった。黒っぽい乗馬帽をかぶり、白いポニーにまたがってまっすぐに前を向いた愛らしい姿。一家がウィーンにいた頃の撮影と聞いた。

経済、乗馬といった話に続き、ようやく本題の紀子さまと礼宮さまとのおつきあいの話になったとき、私は心底びっくりした。

「紀子のことは僕にはよくわからないから、本人に直接聴くよう、内藤さんにも申し上げてきたんです」

と、川嶋さんが言ったからだ。

お妃選びは歓迎されない取材だと感じていた。浩宮さまのお妃取材にもどっぷり関わったが、若い女性の家に突然押し掛けても、まず、インターホン越しで終わった。玄関に入れてくれれば「御の字」。どの家でも親の困惑と警戒感がひしひしと伝わってきた。まして、新聞記者に娘を会わせるなんてことはめったになかったから、川嶋さんの反応は、意外に感じられたのだ。

手強い紀子さまの「ひ・み・つ」

それから少しして、実際に私は内藤記者と目白の喫茶店で紀子さまにお会いした。内藤記者はすでに前年から何度か話を聞いており、会話はとても自然だったが、私はその時、川嶋さんがなぜ記者に娘を紹介したか、わかったような気がした。二十代そこそこの紀子さまの対応は、父親にとてもよく似ていたからだ。ニコニコしながら何分でも会話はする。だが、肝心なことは話さない。

「それはね、ひ・み・つ、です」

「さあ。斎藤さんはどうだと思いますか」

じつに、手強いお方だった。

川嶋家は、父親中心の家庭だった。川嶋さんを軸に、家族四人ががっちりとまとまっていた。紀子さまが高校のころから自宅にテレビを置かなくなったのも、川嶋さんの判断だったと聴いた。おかげで紀子さまは、高校時代、それまでにもまして猛烈に本を読んだという。

「決して押さえつけないし押しつけないのにいつの間にか夫の思っている通りに事が進んでいるんですよ」

妻の和代さんから、そんな話を聴いたことがある。

本を読み、絵を描き、ピアノを弾く。小さいころから乗馬やテニス、スキーを楽しみ、手話や奉仕活動に汗を流す。紀子さまはまさに、川嶋さんにとって理想の娘だったろう。

「かわいい子には旅をさせろ」

「人種的な偏見を持たない子に育てたい」

川嶋さんのモットーにそって、大学時代には、青年の船で東南アジアも訪れている。

内藤記者はその後、九州に異動し、私は一人で川嶋家の取材をつづけることになった。

礼宮さまは八八年から英国に留学され、紀子さまは礼宮さまと離ればなれになったことで、ご自身の気持ちをはっきりと自覚されたように思う。

一九八九年八月二十五日夜。天皇皇后（現・上皇上皇后）両陛下が御所で川嶋夫妻に会われた、という宮内庁担当記者からの情報をもとに、確認をとるため、私は急遽《きゅうきょ》、川嶋家を訪れた。

玄関に入ると、川嶋夫妻、紀子さま、弟と、全員が集まってきた。みな、にこにこしていた。

こういう情報を得た、いよいよ婚約が決まりましたね、という私の質問に、川嶋さんは一言「ノーコメント」と答えた。

だが、ノーコメントでは婚約内定とは報じられない。食い下がった。

「ふだん川嶋先生は何でも丁寧に説明してくださるのに、今日は、ノーコメントだけ。ということは、婚約内定は事実ですね」

そう、たたみかけた。すると川嶋さんはにこっと笑い、「さすがは智ちゃん」と、大きな声で答えてくれたのだ。

翌朝、スクープが一面に掲載された。内藤記者と私が中心になって事前に準備していた婚約内定の原稿である。新聞社では、重要なできごとについては、あわてて書いてミスをしないよう、前もって予定原稿を作っている。じつはこの原稿も、二カ月ほど前の六月の時点で私が川嶋家に持参し、ご夫妻に口頭で事実確認のためあらましを説明していた。

川嶋さんは、「これは内藤さんの見た夢の中のたわごとですね」と言った。ただ、事実関係が違うのは困ります、と、経歴や教育方針などについては丁寧に説明してくれた。機は、熟していたのである。

母は結婚に深く悩んだ

その後、何度もお宅に通った。当時の住まいだった学習院大学構内の教職員アパートの前にはカメラマンがずらりと並んで、紀子さまが出てくるのを常時、待ち構えていた。その前を、同じ住人のようなふりをして出入りしたが、知った顔の他社のカメラマンに朝日新聞の記者だと見破られないかと緊張で足が震えた。

結婚式が迫ったころ、ご両親に、親としての気持ちを、あらためてじっくりとお聞きしたことがある。

母親の和代さんは、はじめは大変戸惑ったと打ち明けてくれた。宮さまとでは、育った環境も、いわゆる「家柄」も、あまりに違い過ぎ、考えられない、やめたほうがいい、そう、娘に助言したという。

私には、それはとても率直な母親の気持ちのように感じられた。紀子さまは、親には決して反抗しない娘だった。それだけに、母親としては娘がどんな気持ちでいるかを肌で感じとり、深く悩んだという。

一方、父親の川嶋さんは、最初から最後まで明快だった。結婚はあくまで本人の問題だ。本人同士が決めたことならば、親が関与してはいけない。そんな信念を語ってくれた。

「おそらく宮さまと二人で、いろいろなことを話し合ったと思います。結婚のこと、価値観のこと、生き方や人生のこと。結婚は、その上での決断だったんだと思います」

「結婚生活で苦労する可能性が多いと大勢の方が言ったとしても、これればっかりは、やってみないとわからないでしょ。それに、子どもには、苦労する権利もあるんです」
「本人たちが、未知の要素も含めて話しあって決めたのであれば、当事者の決心を尊重するのが僕は順当だと思います」

父が求めた「対等な結婚」

正論だ。だが、正論すぎて、このときの私は、これが本当に父親としての素直な気持ちなのか、はかりかねていた。だからしつこく聴いており、たくさんのメモが、取材ノートに残っている。

宮さまとの結婚を決めるにあたって、父は娘にこう助言したという。
「もし宮さまが皇室のメンバーであるということに、何がしかの影響を受けて、彼と結婚したいと思っているのなら、僕は、考え直した方がいいと思う。でも、人間として、パートナーとして、素晴らしい方だという考えから結婚したいと思っているのであれば、僕は君の判断を尊重する」と。

ただの一人の人間として、礼宮さまは、どういう人なのか。紀子さまは、パートナーとして、礼宮さまをどう思っているのか。

同じ地平に立った対等な人間としての判断を、父は娘に求めていた。

皇室の一員だろうが、タイの山奥で暮らす少数民族であろうが、意思のある人間は、みな対等で、尊い。当たり前の、だが、断固とした人権感覚。その後、私は、後述するタイ山村での川嶋さんのボランティア活動などを通じ、川嶋さんのこうした信念に何度も触れた。

長い時間をかけて、私は、娘を皇室へと送り出した時の父親の言葉が、川嶋辰彦という人の本質であったと得心がいったのだった。

こう書くと、なんだか理屈の勝った、お堅い人権派に見えるかもしれない。川嶋さんは、そうした強い信念を、ユーモアと、温かな情にくるんだ人だった。

フランス式のチュッ

婚約が決まった頃、一緒にタクシーで移動したことがある。町で拾った流しのタクシーで最低料金程度の移動だった。降りた後、川嶋さんは「ありがとう」と言ってタクシーの運転手に握手を求めた。運転手も客も対等、という感覚から、感謝を伝えるための行動だろうが、この運転手の方は、心底びっくりしていた。

取材で川嶋さんにお目にかかる日がたまたま川嶋さんの誕生日に重なり、お祝いに、小さな花束を持って行ったことがある。川嶋さんは喜んだ。そして、私の頬にキスをした。頬に軽くチュッとやる、あのフランス式の挨拶だ。私が留学経験者と知っていたからかもしれないが、国内で、取材先の日本人からお礼に「キス」をされたのは、あとにも先にも川嶋さんおひとりだった。

川嶋さんは「皇族のご親戚」になったことで、自分自身の行動が取材対象になることもあった。川嶋さんのコメントを取ろうと、マンションの外で、雑誌記者が待っていることもあった。そんな時でも、川嶋さんはあわてず、騒がず、いつもと同じようにふるまっていた。

「あなた、そこは直射日光がさして暑いから、こっちの日陰にいらっしゃい」

「雨がひどいから、こちらにお入りなさい」

それからニコニコしながら、丁重に、お断りの口上を述べるのだ。

構えていた記者の心には、断られても、ほんわかと、温かな気持ちが残る。こうなると、なかなか意地悪なことは書けない。

文藝春秋の編集者からも、川嶋さんの取材で研究室に手土産の菓子を持参した時の思い出話を聴いた。川嶋さんは喜んで、「では一緒に食べましょう、あ、テーブルクロスがないな、一緒につくっていただけますか」と、この編集者に白い紙と色鉛筆を渡したそうだ。川嶋さんが自分の「テーブルクロス」のため紙にせっせと花や木の絵を描き始めたため、彼も、お絵描きする羽目になったという。これも、川嶋さんらしいエピソードである。

「ＧＯＮＧＯＶＡ（ゴンゴバ）」と名付けた川嶋さんのタイでのボランティア活動の話を聴いた時は、大胆なことをなさる、と思った。

ミャンマーとの国境にほど近い、標高千メートル程の熱帯雨林の山あいに点在する少数民族の村々に、一九九七年以降、毎年一、二回、学生たちを連れて数週間滞在している、というのだ。万が一のさまざまなリスクを考えると、なかなかできない活動だと思う。

具体的には何をしているのですか、と聴いて、さらに驚いた。

「水洗トイレを作っているんです」

は？　あの、汚物を水で流す、トイレですか？

その後、プライベートで私も活動に加わって、よくわかった。

村の人々は伝統的に、山を切り開いた斜面に、竹や木で作った高床式の家を建てて暮らしている。トイレは地上に独立して建てた別棟で、浴室を兼ねている。

たいていは、小さな便器の隣に、水をためたバケツがいくつか並べてある。その水を、ひしゃくですくって、用を足したあとにおしりを洗うのだ。トイレの下に「浄化槽」を埋めれば、同じひしゃくの水で汚物も流せる手動式水洗トイレとなる。

たかがトイレと思ってはいけない。水回りの衛生状態が改善されると、感染症による乳幼児の死亡率が下がったそうだ。川嶋さんは、水洗トイレのない村では、まず、この仕組みを最優先で作っていた。

私は裸で途方にくれた

バケツの水は、夕方、水浴びをするのにも使われていた。乾季になると、水は足りなくなるから、どの家でもそうやって貯えていた。

個人的には、私は、このトイレ兼浴室での水浴びが苦手で、初めてボランティアに参加した時は、便器やバケツを前に、裸で途方にくれた。山の水は思いのほか冷たい。村に電気はないから、もたもたしていると日没で部屋は真っ暗になり、バケツの陰で、虫や蛙が鳴き出したりする。だが、慣れとはおそろしいもので、行って数日もたつと、水浴びの後に身体がぽかぽかするのを楽しみに思うようになった。

川嶋さんは、村人たちのトイレを水洗に変えると、続いて、湧き水をためる共用の貯水タンクと、そこから各世帯に水を引きこむ水道管の設置にとりかかった。

資材は常に、事前に手配して、村に運ばせていた。トラックに一つ乗せるとそれだけで荷台がいっぱいになってしまうような大きさのコンクリート製の輪を、ふもとの町から山の村まで数時間かけて運びこむ。それを、五、六個縦に積み重ね、継ぎ目をセメントで塗り固めれば、貯水タンクのできあがりだ。

そのタンクから、今度は「水道管」を引く。直径三センチ足らずの青いポリ塩化ビニル製の管を、各世帯まで、えんえんと引いていくのだ。

斜面を、山道に沿ってクワで掘りおこし、大きな石や木の根を取り除きながら、埋設していく。

日本の水道管とは比べものにならないほどちゃちだから、時々破れ、水が噴水のように吹き出す。だが、修理するのも実に簡単。穴のあいた前後をすぱっと切り落とし、そこだけ新しい管につなぎ直せばいい。これなら私でも直せる。

そういえば、村には電気がないはずなのに、時折、立派な電柱や電線をみかけた。村長に聴くと、「大もとの水力発電が故障したから、電気は一回も来ていない。あれは、物干しと同じだよ」。結局、欲しいものは、立派な設備ではないのだ。

「途上国での支援は、地元の材料で、村人が自分たちで作ったものでなければ、長く使われていかない。いざという時に修理も出来ないのでは、役に立たないんだよ」

そう川嶋さんは説明してくれた。

こうした土木作業は、日本の学生たちにとっては初体験だから、ボランティアだけではとてもできない。セメントをこねるのも、壁を塗るのも、大きなコンクリートの輪を重ねるのも、村の男たちが総出で作業する。個々の作業のリーダーは、すべて村人の側が担う。

「村の人を助けよう、役に立とうと思って参加したのに、自分はなんの役にもたたない。むしろ作業の足をひっぱり、村の人に助けられてばかりじゃないか」

そう感じて、はじめは落ち込む学生も多いという。

「それが、僕の狙いなんだよ」と、川嶋さんは言っていた。

非力である、と悟ること。そして、「与える者」と「与えられる者」ではなく、助け合う者同士、対等な人間関係を築くこと。それこそが大切だと知ること。

川嶋さんが若い世代に伝えたいことは、そこにあったと私は思う。

参加者は、川嶋さんも含めて、複数の高床式の建物の中に蚊帳《かや》をつり、その中に持参した寝袋をしいて寝泊まりしていた。毎日が山小屋暮らしのようなものだ。途中で数日間、タイの大学生が団体で加わると、部屋は密になり、寝床は急に狭くなった。食事は三食、地元の女性たちが、激辛のタイ料理を作ってくれた。

学生たちは、数週間滞在してともに汗を流すと、村人たちと、とても親しくなった。ほとんどの村人にはタイ語も英語も通じないから、日本人の側が現地語を覚えていくしかない。学生たちの吸収力はめざましく、それぞれが自分の単語帳をつくり、片言で誰とでも交流し、なんにでも加わっていった。

川嶋さんは、さすがに自分でクワをふるうわけではない。だが、高齢となっても毎回、学生たちを現地に引率し、滞在し、メンバーと同じ「不自由」な環境を楽しんだ。

日々の実務作業や下準備、手配は、ゼミの教え子の富田育磨さんを現地責任者とし、全幅の信頼をおいて、ゆだねていた。自分は作業の進捗《しんちょく》を見守り、励ましていた。

そして、滞在中に視察にやってくる村の役人や日本の外務省関係者、タイの大学教授や政府関係者を、丁重にもてなしていた。

夕飯が終わると、毎晩、川嶋さんが寝泊まりしている建物の下で、夜九時ごろまで、ささやかな交流会が開かれた。禁酒禁煙だから、純粋にお茶やコーヒーだ。民族衣装を着こなしている長老や村のおばあさんたちが、収穫したてのスイカや木の実を差し入れてくれた。母親とともにやってくる村の子どもたちには、ビスケットが振る舞われた。

声に出して読む「行動コード」

川嶋さんはこうした人々の輪の中にいて、いつもにこにこしていた。

一面の星空のもと、日本の若者たちに、人生や職業選択についての話をすることもあった。大学の推薦入試が間近な女子高校生のため、私たち年配のメンバーとともに面接の練習をしたこともあった。専門分野である経済学について、かみくだいて話してくれたこともあった。

連歌が大好きで、滞在中、一回は連歌の会を開いた。順に、思いついた句を付けて、詠んでいく。面白い歌になった、と言って、川嶋さんがいつも一番、喜んでいた。

優しい川嶋さんだが、ルールについては厳しかった。たとえ身内が参加した場合でもである。

ボランティア参加にあたっては、必ず、ゴンゴバの活動理念について学ぶ場が設けられた。

大学で開く事前説明会で一度、そしてタイの村に到着した初日の夜にもう一度。参加者は、まるで小学校の授業のように、声をあげて、「理念と行動コード」を読まされた。

一、人はみな、生まれながらにして同じ価値を有する。

二、先進国対途上国、集団や地域の中心部対周縁部、強い立場対弱い立場、或いは多数派対少数派の間で見られる差別・偏見がもたらす、社会的不条理・不当性に対する認識を深める……。

コードに基づいた具体的な行為や行動についても、細かく定められていた。禁酒禁煙、差別的な言葉や「哄笑」の禁止、アレルギーがない限り現地の人とできるだけ同じ料理をたべる、消毒の徹底、犬猫鶏を触らない、椰子《やし》の実が落ちてくることへの注意喚起、生水を飲まない……。

眞子さんの結婚には……

すべての活動に、こうした「川嶋精神」がゆきとどいていたからこそ、二十五年近くもの間大きなトラブルもなく、異国の地で、活動が継続したのだと思う。

日本では、川嶋さんは「教授」を退任したあとも毎日、学習院大学に通い、ゴンゴバの準備や研究論文の執筆につとめていた。広い教授の研究室から、元教授三人の机が並んだ部屋に変わっていたが、狭い中でも相変わらず本や書類に埋もれ、もくもくと一日を過ごしていた。

この二、三年は、都内の支援者宅の一室に移り、目の届く場所で作業を続けていた。二〇二〇年二月、私も四年ぶりに一緒に出かけたゴンゴバが、川嶋さんにとっては最後の旅となった。

空港で、川嶋さんは車いすを使っていたが、タイ奥地に入ると、むしろ元気になったように見えた。背中を丸めて、ひょこひょこと、急な斜面をよく歩いた。白い長いひげをはやした姿が、まるで、タイ山奥の仙人のようだった。

二〇二〇年秋ごろから体調を崩した。十数年前に手術した肺がんが再発した疑いで、検査入院を繰り返した。肺に水が溜まり、抜かなければならなかったようだ。

電話で話す声は元気そうでも、切ったとたん、へとへとになることもあったという。それでも国際ボランティア学会の学術大会ではＺｏｏｍで講演し、コロナのせいで村々への支援が途絶えないよう、富田さんを通じて現地の人たちに作業を指示していた。そして

「コロナ時代のオンラインボランティア」と称していた。

九月三十日に電話で話したのが、私との最後の会話となった。

「酸素の吸入装置を自宅でも手離せなくなってしまった。これではもう村にはいけないよ」

と、ぼやいていた。そして、眞子さんの結婚が決まったことを、とても喜んでいた。

ご冥福を心からお祈りする。

悠仁さまの「帝王学」と「学校選び」

江森敬治（毎日新聞編集委員）
文藝春秋二〇一六年十月号
（序文を追記）

ブータンをご訪問

「すごく、似ている感じがします。木とか草とか（中略）似ていると思います」――。

秋篠宮家の長男の悠仁さまは、二〇一九年八月十六日から二十五日までブータンを私的に訪問した。ブータンは、ヒマラヤ山脈の東の端に位置する内陸国。両親の秋篠宮ご夫妻と一緒にブータンを訪れた悠仁さまは、同行した記者たちから「日本とはやはり少し違いますか？」と質問されたのを受けて、右記のようにしっかりと自分の意見を述べた。

国立博物館で仮面などを見学し伝統文化に触れ、弓技場で弓技に挑戦。ブータンの人から指導されて矢を放つと、周囲から拍手と歓声が沸き起こり、悠仁さまは笑顔で、これに応えた。また、公立学校で、列の先頭から後方にボールを渡す早さを競うゲームに参加し、同世代の生徒たちと触れ合い、ワンチュク国王夫妻との懇談には、紋付き羽織袴姿で臨んだ。初めての外国訪問で、彼は実り豊かな時間を過ごした。

二〇一九年は、悠仁さまにとって大きな節目となった。五月一日、新天皇が即位して新元号「令和」がスタートした。これに伴って、天皇の弟である秋篠宮さまは皇嗣という、より重い立場に替わった。兄天皇陛下と五歳違いの秋篠宮さまは、天皇の位を継ぐ皇位継承順位が第一位となった。さらに、中学生ながら悠仁さまが皇位継承順位の第二位となった。「皇位は、皇統に属する男系の男子が、これを継承する」と定めた現行の皇室典範の下では、天皇皇后両陛下の長女で、学習院大学生の愛子さまには天皇になる資格がない。

近現代の天皇制を思い返すと、「明治」から「大正」、「昭和」、「平成」、「令和」へと天皇の位である皇位は、父から息子へと代々、移行されてきた。しかし、「令和」の次の時代は、皇室典範に従えば、父から息子ではなく、天皇の位が、兄から弟、もしくは弟の長男へ移ることとなる。こうした、直系から傍系へと皇位が移るという変化は、近現代史の中で日本人が初めて体験する出来事であり、悠仁さまの動静はこれまで以上に、国民から注視されることとなる。

現在、悠仁さまは、お茶の水女子大学附属中学校三年生。折しも、二〇二一年四月からは高校に進学されることもあり、その進学先についても関心を集めている。

二〇二一年九月、誕生日用文書の中で、紀子さまは「中学校の最終学年になり、学習への意欲がさらに増したようで、試験があるとそれに向けて計画をたてて、それぞれの教科の学習に積極的に取り組んでいました。そして、今年の夏休みも、各教科の課題を熱心に進めていました。（中略）進学先につきましては、長男としっかりと話し合い、本人の希望を大切にしていきたいと考えています」と、悠仁さまの近況について紹介した。実は、ブータン訪問は、学年が進むにつれて受験勉強で忙しくなるのを見越して、中学一年生の夏に実行されたものだ。また、悠仁さまは学業面でも優秀な生徒だと、聞いている。

そこで、悠仁さまが十歳になられた際に寄稿したものをご紹介したい。以下は、文藝春秋二〇一六年十月号に掲載されたものである（日付、呼称は掲載時のまま）。

＊

秋篠宮家の長男・悠仁さまは、平成二十八（二〇一六）年九月六日の誕生日で十歳になった。

秋篠宮さまが昭和四十年十一月に生まれて以来、皇室には久しく男子皇族が生まれなかった。平成十八年九月六日の悠仁さまの誕生は、皇室にとっては四十一年ぶりの男子誕生となり、それだけに多くの国民は喜びに沸いた。生まれた年の暮れの記者会見で天皇陛下は、「初めて会った時には立派な新生児だと感じました。(中略)また、大勢の人々が悠仁の誕生を祝ってくれたことも心に残ることでした」と、喜びを語った。

悠仁さまは、平成二十二年四月、東京都文京区にあるお茶の水女子大附属幼稚園に入園し、平成二十五年四月には、幼稚園の隣にあるお茶の水女子大附属小学校に入学した。現在は、四年生だ。元気に学校生活を送り、休み時間も放課後も、寒いときでも暑いときでも、校庭で友達と楽しんで遊んでいるようだ。

平成二十七年秋の記者会見で紀子さまは、悠仁さまの近況について、

「興味を持っているものの一つに文字があります。旅行先などで地図を見るのが好きで、書かれている漢字の地名や、調べ学習で使う漢字辞書に載っている旧漢字を覚えることもあります。また、世界の文字の絵本を見ながら、まねて書いたりもします。このように長男は、知らない文字が分かるようになり、書けるようになることが面白いようです」

と、説明。さらに、早めに行動するように心掛けるようになり、登校時間を余裕を持っ

て守ろうとしているなど、悠仁さまの成長ぶりを語った。

また、悠仁さまは、翌年五月には、サツマイモ植えをした。この行事は、上級生として低学年の世話をしながらの活動だった。農園の人からサツマイモの苗植えの説明を聞いた後、三年生に教えながら、一緒に苗植えをし、楽しく過ごしたようだ。

五月の下旬に催された学校の運動会では、四年生だけが参加する競技「台風の目」をはじめ、いろいろな競技に参加し、友達と一緒に練習した成果を存分に発揮したようだ。このほかにも、悠仁さまは、学校の遠足で高尾山にも登ったと聞いている。

初等科高学年では日本の歴史に関心

二人の姉の眞子さまや佳子さまが小学生のときも同様だが、紀子さまは悠仁さまに対しても、生活の中で関心を持っていることを温かく見守り、様々な経験を重ねていくことを大事にしているように見える。科学博物館や美術館に出掛けたり、ワークショップに参加したりして、紀子さまは悠仁さまと一緒に、科学の不思議な世界を楽しみ、考え、そして理解を深める時間、あるいは、創りだす喜びの時間を持っているようだ。

私が初めて、秋篠宮さまに会ったのは、宮さまが紀子さまと結婚した翌年の平成三年二月のことだ。以来、個人的な宮さまとのお付き合いは続き、今年で二十五年となる。

今年に入って、私は、宮さまに小学校時代の様子を伺ったことがある。学習院初等科の高学年の頃は、日本の歴史にとても関心があったという。

その時、話題が、悠仁さまの進路に及んだ。お茶の水女子大附属小学校は男女共学だ。女子は、附属の高校まで進学できる。しかし、男子は、附属中学までは進学できるが、高校へは進めず、高校入学時に他校を受験しなければならない。こうしたことから、多くの男子が小学校六年生で、国立や私立などの中学校を受験することになる。小学校四年生の悠仁さまの周囲でも、男友達が進学塾に通い始めるなど、受験準備を始めているらしい。受験の準備をしている友達もいれば、そうでない友達もいる。悠仁さまも、まさに今、そのままお茶の水女子大附属中学校に進学するか、それ以外の中学校を受験するかどうかの大切な岐路に立っているのだ。

学校生活では、学年が上がるごとに、するべき事が増え、その質も求められていく。そして、その学年で学習することをしっかりと身につけられるように、復習もより大事になってくると、紀子さまは考えているようだ。

私は、既に両親が、悠仁さまに進んでほしい特定の学校や大学を想定しているのだと思っていた。しかし、両親の話を聞くと、この先、どの学校に行って学ぶのがよいかというような具体的な考えは、まだ、持っているようには感じられなかった。

悠仁さまが四年生から五年生へと進み、学校生活を送る中で、いろいろと考えを深め、家族と話し合いながら、自分の将来をじっくりと考え、決めていくのであろう。

悠仁さまは「昆虫ハンター」

遠くより我妹《わぎも》の姿目にしたるうまごの声の高く聞え来《く》

「虫捕りに来し悠仁に会ひて」とある平成二十二年の天皇陛下の和歌だ。夏、幼い悠仁さまが、昆虫採集のため、両陛下の住まいである皇居・御所を訪れた。その際、遠くから、皇后さまの姿を見つけて喜び、その声が聞こえてくるという大意らしい。祖母と孫とのほのぼのとした交流の場面が鮮やかに目に浮かんでくる。

平成二十年十一月の記者会見で紀子さまは、「夏ごろからでしょうか、庭にいる小さな虫、バッタやカマキリなどを見つけて上手に捕まえて、手で持ったり、また袖に乗せたりしてよく観察しておりました」と、昆虫に興味を持ちだした頃の悠仁さまを紹介している。「夏ごろ」と言うから、平成二十年夏で、おそらく悠仁さまは、一歳末の頃から、虫に興味を持ち始めたらしい。平成二十一年秋には、秋篠宮さまが「結構虫に興味が出てきまして、庭でカブトムシを見つけたり、カマキリを見つけたりして、それを毎日何回か眺めるというか、一緒に遊ぶことを楽しみにしているようでした」と、興味が高じてきた様子を語っている。

以来、「昆虫博士」「昆虫ハンター」としての悠仁さまの歩みは、今も続いている。先日、宮さまに聞くと「昆虫への興味は、今でも相当ありますよ。採集するため、あちこちに出掛けています」と、即答した。「あちこち」というのは皇居・御所や赤坂御用地だけでなく、他の場所へも足を運んでいるらしい。

今夏も、夏休みを利用して悠仁さまは両親たちと、山形県遊佐《ゆざ》町や新潟県津南《つなん》町に出かけ、宿泊した。津南町の「農と縄文の体験実習館　なじょもん」を訪れた悠仁さまは、修復された本物の縄文式土器に触れ、その大きさや縄目の模様などを興味深く観察していた。ジオパークの企画展では、動物の角や歯にも触れ、生き物の種類によって様々な違いがあることに気づいたようである。屋外では、火おこし体験や復元された竪穴《たてあな》式住居の中で、土器作りを体験した。土器作りは、長い時間をかけ、集中して熱心に取り組んだと聞いている。

この滞在中も、苗場山麓の豊かな自然に触れ、昆虫採集も楽しんだらしい。

「どうして、悠仁さまは虫がお好きなのでしょうか?」。私が、こう聞いたところ宮さまからは「何故、好きなのか理由は分りません。子供は昆虫が好きでしょう」との答えが返ってきた。

一番関心があるのはトンボ

実は、宮さまも小さい頃、昆虫が大好きだった。天皇一家は、皇太子時代に、赤坂御用地にある東宮御所に住んでいた。御用地の林に、陛下が考案された手製の虫捕り装置を置いていた。それは誘蛾灯に集まってきた虫が、その下にあるじょうご状の管を通って虫カゴの中に集まる仕組みだった。

夏の日の朝、宮さまは妹の黒田清子さんを連れて、採集した昆虫を見に行くのが楽しみだったそうだ。二人は、一緒に御用地で虫捕りに出掛けた。しかし、昆虫を捕り損なった清子さんをしばしば宮さまが叱るので、清子さんは宮さまとの昆虫採集は、「とても怖かった」と、後々まで話していたという。

　昆虫の中でも悠仁さまは、トンボとチョウチョが好きらしい。「でも今、一番、関心のあるのはトンボでしょうね」と、宮さまは話す。悠仁さまは、御用地内の水田にメダカやヤゴを放し、トンボなどの好む生息空間（ビオトープ）を作っている。

　平成二十七年の会見で紀子さまは、

「長男は、以前からの興味が更に広がり、また、新たな興味も加わってきました。田んぼの生き物などにも興味を持つようになり、（中略）今まで興味を持っていました昆虫の採集や飼育をするだけではなく、（中略）生き物が暮らす環境にも関心を向けています。例えば、トンボやホタルなどが棲《す》みやすい場所、好む環境を作りたいと、自分の家の庭や御用地内を歩いて植生などを確かめ、また、小川のところでは、水の流れを止めないように枯れ葉や小さな枝を取り除いていています」

　と、この辺りの事情を紹介している。

　学校生活だけでなく、日々の暮らしの中でも、成長しつつある悠仁さま。宮さまによると、悠仁さまは、自分たちの住む赤坂御用地に生息するトンボと皇居にいるトンボとではどう違うのか、すごく関心があるという。種類は、大半同じだろうが、もし、皇居にいないトンボが赤坂御用地に生息していたら、それはそれでおもしろいデータになると宮さまは話す。

「ところで、皇居や赤坂御用地にはどのような種類のトンボが生息しているのでしょうか？」と、門外漢の私は素直に疑問を投げかけてみた。しかし、宮さまは、

「息子に何度か説明を受けましたが、私自身、よくトンボの区別がつきません。魚類だったらある程度、理解できるのですが、虫はね。正直、私はよく分りません」

と、あっさりと白旗をあげた。昆虫の知識については、悠仁さまは父親を超えたらしい。

男女分け隔てなく育てる

二人の姉は、悠仁さまにとって、とても頼りになる存在だ。

眞子さまは、幼稚園から高校まで学習院で学んだ後、東京都三鷹市にある国際基督教大学（ＩＣＵ）に進学。卒業後は、英国のレスター大学大学院博物館学研究科を修了したが、九月からは国際基督教大学大学院博士後期課程で勉強する。現在は、日本工芸会総裁や東京大学総合研究博物館の特任研究員なども務めている。

佳子さまは、幼稚園から高校まで学習院で学んだ後、学習院大学文学部に進んだが退学。

姉と同じ国際基督教大学に入学し、現在は同大学二年生で、学業優先の日々を送っている。

　秋篠宮家の子育ては、男の子も女の子も、分け隔てなく育てる姿勢が一貫している。悠仁さまが生まれた直後、平成十八年十一月に行われた記者会見で、宮さまは、「基本的には長女、次女と同じように接するつもりでおります」と、答えている。女性皇族の役割についても、「私たち（男性皇族）と同じで社会の要請を受けてそれが良いものであれば、その務めを果たしていく。そういうことだと思うんですね。これにつきましては、私は女性皇族、男性皇族という違いは全くないと思っております」と、明確に規定している。

　平成二十年秋の会見で、宮さまは、悠仁さまの教育方針について、①きちんとした社会生活をできるようになってほしい、②皇族としての立場も追々自覚する、③自分の関心のあることなどを深めていってくれれば良い、と話したが、この方針は、眞子さまと佳子さまの子育てにも共通している。加えて紀子さまは、「年齢に応じて基本的な生活習慣を身につけてもらいたい」と、あいさつや礼儀など、日頃の躾《しつけ》の大切さを強調した。

姉二人とローラースケート

忘れられない光景がある。それは、ある日の午後のことだった。東京・元赤坂の秋篠宮邸を訪れると、玄関前で子供の声がした。「え、子供？」「なんで、子供がいるのだろう」と、一瞬、私は、いぶかしく思い、近付いてよく見ると、声の主は、悠仁さまだった。その後ろに、眞子さまと佳子さまがいた。

　玄関前の敷地は舗装されており、どうやらみんなでローラースケートを楽しんでいるようだ。三人はローラースケート靴を履いていた。悠仁さまは、ツーリングの際にも使うようなヘルメットをかぶっていた。悠仁さまは、大きな声でしゃべり、キャッキャッと姉たちと戯れながら、とても楽しそうだった。どこから見ても普通の九歳の男の子だった。テレビで見る、少し緊張し、かしこまった様子とは、まったく違った。素顔の悠仁さまに会って、私は得心した。

　しかし、なんといっても、一番、感心したのは二人の姉、眞子さまと佳子さまの面倒見の良さだった。弟と一緒にいて本当にうれしそうだった。一般的にみて、二十代の女性が、一回り以上も年の離れた小学生の弟とローラースケートをして、楽しむだろうか。同世代の友達と買い物や食事をしたり、お茶をしながら彼氏の話で盛り上がっているのではなかろうか。でも、秋篠宮家は違った。姉の眞子さまと佳子さまは、弟の悠仁さまの面倒を実によくみる。そして、姉弟はとても仲よしだ。私は、仲の良い三人を偶然、目の当たりにできて、幸運だった。

秋篠宮さまと紀子さまは、悠仁さまや眞子さま、佳子さまが祖父母である天皇、皇后両陛下と会って、触れ合う時間をとても大切に考えている。

天皇陛下は皇太子時代の昭和五十九年十二月の会見で、

「皇族は陛下の御心を大切にし、また、国民の望みに沿ってつとめを果たしていくことが大切であり、それを誠実に行っていくことが帝王学になると思っています」

と、述べている。

私は、陛下と直接、触れあうことが悠仁さまの成長に大きなプラスになると、信じている。また、今回の陛下のお気持ちに込められた「天皇の心」を、何よりも悠仁さまに学んでほしいと願ってやまない。

第五章　眞子さんと皇室の未来

宮内庁提供（2021年7月11日）眞子さん〝皇室最後の家族写真〟

皇室の〝結婚至上主義〟は時代に合わなくなった

鈴木涼美《すずみ》（社会学者）
三浦瑠麗《るり》（国際政治学者）

文藝春秋二〇二一年二月号

三浦　鈴木さんと最初にお目にかかったのは、橋下徹さんの番組でしたよね。コラムなどは拝見していたのですけど、下の名前の「涼美」がどういうふうに読むのか分からなくて……（笑）。

鈴木　たまに、「いつもコラム読んでます、リョウミさん」って読者の方から声をかけられます（苦笑）。

三浦　それでご飯などもいっしょに行ったりして。恋愛や性、政治や社会問題について、新聞記者やＡＶ女優としての経験も織り交ぜて綴った鈴木さんのコラムは、中毒性がありますよね。私の夫はネット記事をあまり読まないのですが、鈴木さんのコラムは必ず読んでいるみたい。あと、娘のシッターさん、七十代の女性なんですけど、その方も涼美さんりいないので、すごく嬉しいです。

鈴木　ウソ〜！　ありがとうございます。私の読者って、若い男の子や高齢女性はあまの本を熱心に読んでらっしゃる。

「太陽と月」に象徴される旧い男女観

三浦　そんな私たちが今回、文藝春秋編集部に提案された対談テーマが、秋篠宮家の長女・眞子さまと小室圭さんのご結婚問題でした。

二〇一七年九月、宮内庁がお二人の婚約内定を発表しましたが、同年末に週刊誌が小室さんの母親に関する四百万円の「金銭トラブル」を報道して祝福ムードは一転、一八年二月にご結婚関連儀式の延期が発表され、今日まで至っています。小室さんは金銭トラブルについては、「解決済み」だと文書は出しましたが、会見をおこなわなかったために世間の批判が高まったとされます。ただ、二〇二〇年十一月、秋篠宮さまが誕生日会見で、お二人の「結婚を認める」と発言されました。

鈴木　この問題に関しては、普段から皇室の専門家だけではなく、様々な種類の人が語りたがりますよね。私はというとダメンズ目線というか、男性分析という点で小室さんにすごく興味を持っていました。

三浦　なるほど。私が個人的に印象に残ったのは、お二人の婚約内定時の会見でした。眞子さまが小室さんに惹かれた理由として、「太陽のような明るい笑顔」を挙げられ、それを受けて小室さんは眞子さまを「月のように静かに見守って下さる存在」と譬《たと》えていたんですね。ああ、そういう旧い男女観なのか、と。自己愛が先に立つのだなと思いましたね。

鈴木　あれは驚きの発言でした。日本のプリンセスを、「自分の光が投影される月」だと言いきっちゃうってすごくないですか？

三浦　太陽の光がないと、月は輝けないですからね。

鈴木　普通に考えれば、眞子さまにそんなことは言えないですよね。でも、そんなことが言えてしまう男に女は夢中になるんですよね。

三浦　そうそう、一部はね。

鈴木　これは一般的な男女分析ですけど、女医さんのような社会的地位の高い女性がホストクラブにハマる例は、昔から一定数あります。できるホストはたとえ中卒でも、女医さんに対して自分を卑下することなく、「お前は俺がいないと駄目だ」とあっけらかんと言えてしまう。自分より百倍も、学歴やお金がある女性に向かってです。この手の男に、やっぱり女は弱いですよね。そういう男をたくさん見てきた私としては、小室さんは似たタイプだなと感じました。だからこそ、「海の王子」にもなれたんじゃないですかね。

小室さんはプライズ・コレクターなのか

鈴木　ただ、大衆が小室さんを自分の〝物差し〟で測るのは、限界があるとも思っているんです。

　私はこれまで〝社会の下〟のほうで生きてきたので、本当にいろんな人間を見てきました。ぱっと見で悪人でも、違う方向から見たら善人だったりする例はいくらでもあります。例えば、女を騙して金を搾《しぼ》り取り、後はゴミのように捨てるホストでも、実家の母親にせっせと仕送りしていたり。つまり、一見道徳に反した人間でも、彼らなりの正義とプライドを持っているんですよ。

　小室さんなら、四百万円の借金問題。あの金額は普通に考えれば、多少無理をすれば返済できるレベルですよね。「なぜそれをしないのか」と皆、怪しさを感じている。でも違う角度からだと、別のストーリーが見えてくるかもしれません。

三浦　四百万の話は、私も理解できませんでした。小室さんは米国留学前、弁護士事務所にパラリーガルとして勤めていたじゃないですか。事務所にお給料の前借りをして、四〜五年くらいかければ返済できたと思うんですよね。でも、もしかしたら小室家は、パズルのピースが一つでも欠けるとガラガラと崩れるような、ギリギリの経済状況でやってきたのかもしれない。世間は「四百万くらい返せばいいのに」と思うかもしれませんが、あの金額は、小室家にとってはものすごく高いものなのかもしれないと。だからお金というものにこだわるのかもしれない。

鈴木　お金を巡る人間関係って、外から見るだけでは分からないですよ。私、フェイスブックで「キャバクラの勤務後に彼氏と待ち合わせして……」と、十年以上前の話を投稿したことがあるんですよ。そうしたら当時のお客さんから「あの時『彼氏いない』と言ってたから通ったんだぞ。その分の金返せ」って。

三浦　なんと小さい男だ（笑）。

鈴木　あの時、男性が弁の立つ人だったら、私に完全に非があるように世間に語ることが出来たかもしれない。結局それ以上連絡は来なかったんですけど、「返せ」って言われても、びた一文も払いたくないお金ってありますよね。小室さんに対する「謎」も、探せば無限に出てきちゃうわけですけど、安易に自分の常識を当てはめてストーリーを作りすぎるのもどうなのかと思います。

三浦　小室さんのストーリーとしては、〝プライズ・コレクター〟という見方も出ています。要は小室さんが、お金や地位や名誉が大好きな人間で、それ目当てでプリンセスの眞子さまと結婚するんじゃないか。だったら「けしからん」と。

ですが、これが男女逆転した場合を考えてみたらどうなのか。女性がお金や地位や名誉を求めて結婚するのは、ある種、よくあるパターン。だったら紀子さまのときに世間はどう反応したのでしょう。「3LDKのプリンセス」とは言われたけれど、小室さんのような批判はされなかった。なぜ小室さんばかりが批判されるのか。女は上昇婚を目指していいけれど、男は駄目という世間の感覚は、何か気持ちが悪い感じがします。

結婚だけが自由になれる手段

鈴木　私が個人的に気になっているのは、皇室に生まれた女性が皇籍を離脱する際のシステムです。つまり「結婚すれば一般市民になれるけど、結婚しないと一般市民になれない」でいいのかと。結婚を使わないと、自分の人生が動かせないんです。これって〝結婚至上主義〟じゃないですか？

三浦　ええ。要は結婚だけが唯一、自由になるための儀式として認められているわけですよね。

鈴木　私だったら、「娘」から「妻」になる間に、もう1ステージ欲しいなと思ってしまう。最終的に一般市民になる運命なら、娘でも妻でもない、一般独身女性の期間が欲しいです。

かつて女性たちにとっての結婚は、「出世」そのものであり、お金を得る機会であり、一気に上昇するための〝飛び道具〟でした。皇室の女性にとっては今でも結婚はそれに似ていて、一般の社会に泳ぎ出る唯一の手段なわけです。一般市民になりたかったら結婚するしかない。突拍子もないことを言うようだけど、「もしレズビアンだったらどうするの？」と心配になってしまう。

三浦　これって大きな問題ですけど、あまり指摘する人はいないですよね。皇室の女性の中にも、早く一般人になりたいというお気持ちの方がいるかもしれない。

鈴木　しかも、皇室の女性はお相手探しが難しいのに、お嫁に行かないと〝行き遅れ感〟も出てきてしまう。そうなると皇室に閉じ込められたままですよね。少なくとも現在、女性天皇や女系天皇が認められていないのであれば、成人した時にご本人にそのご意思があれば一般人になってもいい、という制度を作ってほしいです。

三浦　何かと話題の「結婚一時金」も、成人して一般人になる時点で支払われていい。

鈴木　そうそう。皆は「結婚した途端、一時金がそいつ（夫）の懐に入るなんて許せない」と批判するわけですよね。まだ結婚相手が分からない状況で先にあげちゃえば、誰も文句は言えません。

三浦　結婚の話になりましたけど、そもそも、結婚が「人生の最終解決」手段みたいな価値観は、人を不幸にするもとだと思います。完璧な男性なんてものは世の中に存在しないんですよ。女性をダメにしてしまう、不幸にしてしまう男はたくさんいますけど（笑）。結局、自分の人生の問題は自分で解決するしかない。だから女の子が結婚にあまり過大な夢を見るのはよくない。

実家と〝距離〟をとるために

鈴木　そういう考え方って、崩れつつあるようで、いまだに崩れていない。なぜかと言えば、日本の女性には結婚以外の〝飛び道具〟がないから。これだけ社会的に自由になったのに、女性は会社や組織では「安心」や「安定」は得られず、家族を持つこと以外に選択肢がない。だから結婚に夢を見ちゃうんです。
上野千鶴子さんに「なんで今の若い子達はいまだに結婚神話にしがみついているの？」って聞かれたことがあるんですけど、じゃあ他に何があるのという話ですよね。私も、やっぱり結婚したいですもん。

三浦　眞子さまが二〇二〇年十一月に公表された文書で、「結婚は、私たちにとって自分たちの心を大切に守りながら生きていくために必要な選択」と表現されましたよね。あの文章には〝自立〟への願いが込められているように思いました。私にとっても結婚は、親元から脱出して自立するための手段だったので。

鈴木　三浦さんは何歳で結婚したんですか？

三浦　二十二歳で。

鈴木　若い（笑）。私が二十二歳の頃ってまだＡＶ女優だったもんな。いやー、そうか……。

三浦　大学で単位を取りきれなくて五年目に突入することが分かっていて、就職活動もしていないという状況だったんです。親からしたら「なんで留年することになったんだ」

「なんで就職活動しないんだ」と。ただし、ここで結婚したら自立を意味するから、学費だって自分で払うわけで、親も文句は言えない。当時外交官だった夫に留学の時期が迫っていたこともあり、早々と結婚する道を選びました。親は歓迎モードでした。なんかわかんないけど片付いたね、と（笑）。

鈴木　すごい！　確かに、親に全てを受け入れさせる方法って、結婚か就職くらいしかありませんよね。超頭いいですね、その方法。

三浦　いまだに結婚生活は続いているので正しい選択ではあったんですけど、そんなに早く結婚する必要があったのかどうか……。

鈴木　でも、当時の三浦さんにとっては、実家とある程度の〝距離〟をつくるために必要な手段だった。

三浦　そう。だから、その点で眞子さまに共感する部分があるんです。秋篠宮さまと紀子さまは、眞子さまに多くの教養を与えたけれど、もしかしたら社会で生き抜く術《すべ》は教えなかったのかもしれない。だから眞子さまにとって小室さんとの結婚は、外の世界で生きていくために、〝必要な選択〟だったんじゃないかなと。

鈴木　教育の話題が出てきましたけど、そもそも、秋篠宮家は子供たちに対して「自由な教育」をされていましたよね。それまで皇族の方々は学習院大学で学ばれるのが慣例でしたが、眞子さまも佳子さまもＩＣＵ（国際基督教大学）に進学された。わが子それぞれの意思を尊重されていた。

三浦　皇室の中にいらっしゃれば、「人としての尊厳や品位を保ちなさい」「私達は国民に尽くす義務があります」などと振舞については教わるのでしょうが、おそらく、どうやって一般人として生きていくかを教わることは難しいのではないでしょうか。結婚によって男が皇室を出ることはありません。つまり、娘しか皇室の外には出ないということ。一方で、娘が手本とする母は皇室に嫁ぎ、「夫を支え子供を産み育てること」を使命とする女性であり、普通の国民がするように〝男性と対等に働いて生きていく姿〟とは程遠いわけです。

また、子供はある程度自分でやってみて、失敗をしないと賢くならないんです。ある種いい加減な母親の方が、子供は楽な場合もありますね。

鈴木　難しいですよね。皇室だとトライ・アンド・エラーみたいな教育は出来ないだろうし。

〝義務〟を叩き込まない教育

三浦　自由な教育って、本来大変なものです。私の父は学者で「自分の興味のあることを勉強しなさい」と、子供の自由を尊重してくれた。でも、義務的に「しなさい」とは教えられなかったんですよね。道徳観を押し付けられずに、自分で我が道を選んでいくわけですから、失敗の連続でしたね。

鈴木　うちもそうでした。両親とも学者でしたけど、「英語が話せるようになりなさい」「本を読みなさい」「友達を大切にしなさい」の三箇条以外、「しなさい」教育はほぼゼロ。「大学に行きなさい」も言われませんでした。強制することは〝ダサい〟から、自由や意思を尊重する世代でしたよね。私は裏ではいけないことをやっていましたが、空気は読む子供だったので、結局大学に進学しましたけど（笑）。振り返ってみると「言いたいことは言ってくれてもよかったのに」とは思いますよね。

三浦　親が子供に〝義務〟を叩き込まないというのは、戦後教育の特徴でもあるし、私たち世代は比較的そうやって育ってきた。

鈴木　今の四十代以下の人たちは皆、そんな教育を受けて来ている。日本は長らく「詰め込み教育」でやってきて、国際学力調査の順位もよかったんですけど、海外からは「日本人にはクリエイティビティがない」と言われ続けた。そのコンプレックスがあったために、個の尊重ばかりが言われ、〝義務〟を忘れてしまった。でも、その「個」を尊重する教育で、眞子さまはＩＣＵに進学され、結婚相手として小室さんという皇室には珍しい〝変化球〟を見つけられた（笑）。これは、なかなか良い「自由な教育」の結果なんじゃないかと思いますけどね。

三浦　そもそも、世間はプリンセスのお相手に何をそんなに期待しているのでしょうね。小室さんが「ふさわしくない」という批判がありますが、経歴も外見もまあ普通というか、まともですよね。

鈴木　そう。誰だったらＯＫを出せるのかという話です。「ＡＶ男優やってました」とか言ったら、元ＡＶ女優の私でも若干怯《ひる》むというか、品位について考えちゃうかもしれませんが（笑）。

三浦　ちゃんと服着て歩いていますからね（笑）。

眞子さまには不幸になる権利もある

鈴木　小室さんに関しては、「なんとなく胡散《うさん》臭い」という声はあるものの、母親の金銭トラブル以外は、何も出てきていないですからね。要するに「なんとなく」で批判しているだけなんですよ。

三浦　民間人になる人の結婚はその人の自由です。もし、結婚しないまま別れさせられてしまったら、エリザベス女王に恋人（侍従武官）との仲を裂かれた妹のマーガレット王女のように「あったかもしれない幸せ」の幻を追い求めながら生きていくことになってしまう。

結論を言ってしまうと身も蓋《ふた》もないですが、眞子さまが結婚して一般人になるのであれば、それは外野が口を出す話ではないんです。小室さんが〝プライズ・コレクター〟かどうかも、いずれ判明するわけですが、どっちに転んでも別にいい。華族制度の復活につながる中途半端な「皇女」制度に私は賛成しませんが、もしそうなれば結婚後も眞子さまには公務を担っていただくわけですから、夫が公の場を嫌う人だったら、逆に困るんでしょうに。

鈴木　私の結論も似ています。つまり、女の人には〝幸福になる権利〟もあれば〝不幸になる権利〟もある。眞子さまが仮に不幸な選択をしたとしても、その不幸を謳歌するのもまた、人生の一つの〝豊かさ〟だと思いますけどね。私もいろいろと片足を突っ込んできたから分かりますけど、女だからこそ堕ちてみたい〝穴〟というのはあります（笑）。一般論ですよ、あくまでも。

三浦　要するに、私達二人は「自由」に重きをおいているのだと思います。自分で人生の選択をする行為そのものが重要で、選択を積み重ねていくことで初めて生きる意味を見出せる——それこそが自由主義です。正しい決断をする人だけに自由を与えようというのは、本来の自由主義ではないんですね。

鈴木　幸福になれそうにないからと、他人の選択を責める筋合いはないですよね。大体、世間を知っている女でも、男を見る目はなかなか養えないものですよ。結婚って、その女性の賢さとか美貌とか、いろいろなものが詰まった結果だと思うんですけど、結局は「運」が一番大きい。大量のクジの中から一本をヒュッと取ったとしても、大体〝外れ〟なのが普通です。三浦さんは幸運にも「金の糸」を引いたわけだけど。

二人でソーシャライツになる道も

三浦　眞子さまの結婚後を考えると、小室さんのキャラクターゆえ、お二人への注目は続きそうです。眞子さまに何かやりたい職業などあればいいのですけどね。注目され続けるとすると、何かのチャリティー活動とか……。

鈴木　ソーシャライト（欧米の社交界の名士）？

三浦　そうそう、お二人でソーシャライツをおやりになるのもいいんじゃないですか。英語ができるのだとすれば海外でもいいし。眞子さまは小室さんを立てたいお気持ちがありますよね。小室さんが世間の注目をひきつけて活動し、眞子さまがその支えに回る——まさに「太陽と月」。でも眞子さまにとっては、それがある種、自分を世間から守ってくれるシールドになるとも受け止めておられるのではないでしょうか。

鈴木　まあ、誰であっても若い女性が世の中に出ていくことは楽しみなことですよね。自分の人生を振り返って、「あの時の私はアホだったな」と思うことはいくらでもある。それを自分でズバッと言ってしまえる世の中であってほしいです。

眞子さまも、この先いろいろあるかもしれないけれど、最終的に「やっぱり金の糸だった！」と思われるかもしれませんよ。男と女のことは他人にはわからないものですから。

「大衆天皇制」崩壊の先にあるもの

御厨貴《みくりやたかし》（東京大学名誉教授）
林真理子（作家）
文藝春秋二〇二一年十一月号

林　眞子さまと小室圭さんのご結婚がついに実現しそうだ、とどこへ行ってもその話題で持ち切りです。世間では〝駆け落ち婚〟なんて言われているようですね。

御厨　急転直下で年内結婚、と相成りそうですね。

「祝福したい」は四割未満

林　お二人の婚約内定の発表からこの四年間は、大変な大騒ぎになっていましたし、各々の皇室観や結婚観をめぐって国内が分断されているような状態です。現在に至っても、必ずしも祝福ムードにはなっていないように見えますが……。

――毎日新聞が行った世論調査では、眞子さまのご結婚を「祝福したい」という人が三八％、「祝福できない」が三五％、「関心がない」が二六％という結果だったそうです（二〇二一年九月十八日付）。

御厨　私はね、大衆の人気こそが戦後皇室を支えてきた歴史を振り返ると、この数字には隔世の感を禁じ得ません。皇族の結婚を「祝福したい」という声が四割に届かないというのは考えられない。

林　お父様の秋篠宮さまも二〇一八年の誕生日会見で「多くの人がそのことを納得し喜んでくれる状況、そういう状況にならなければ、私たちは、いわゆる婚約に当たる納采の儀というのを行うことはできません」と発言されていました。これは「皇室は国民と共にある」というお考えから出たお言葉だと思います。でも結局眞子さまの心には国民の声は響かなかったということなのでしょうか。

御厨　どうでしょう。ただ私は、眞子さまの今回のご決断が、戦後の象徴天皇制を支えてきた根幹部分を揺さぶるような、本質的な問題をあぶり出したと考えています。

林　象徴天皇制を揺さぶる問題！　御厨先生は、上皇さまの生前退位を考える有識者会議の座長代理を務められました（二〇一六〜一七年、「天皇の公務の負担軽減等に関する有識者会議」）。今後の皇室はどのようになっていくとお考えですか。

タブー視されてきた議論

御厨　会議では、これまで安定した皇位継承についてのみを考えていればよかった。つまり皇族の数が減少していく中でいかに皇統を絶やさず次世代に繫いでいくかということです。しかし、眞子さまの結婚をきっかけに世論がここまで二分され、「天皇家は何のために存在するのか」「現代における象徴天皇制の意味は」といった、かつてはタブー視されていた皇室の本質的議論に国民のほうが先に行き着いた。私は今こそこの議論から逃げてはいけないと思うんです。しかし、事ここに至っても、政府は皇位継承も含めて皇室の問題を深く掘り下げることから逃げており、総裁選という政局を経てすぐに議論が始められるとも思えない。暗澹《あんたん》たる気持ちでいる、ということを最初に申し上げておきます。

林　私はいま上皇后・美智子さまが、一体どんなお気持ちでいらっしゃるのか、それをお聞きしてみたいんです。もしあの方がいらっしゃらなければ、皇室はこれほどまで国民から敬愛されていなかったと思う。それくらい大きな役割を果たされたのに、この数年で皇室がこんなことになってしまって……いま、すごくおつらいのではないかと思うんです。

御厨　おっしゃる通りだと思います。美智子さまは民間の出身として初めて皇室に入られ、どうすれば上皇陛下とともにこの国に幸いをもたらせるのかをずっと考えてこられた。それが退位された途端に眞子さまへのこのバッシングでしょう。私もお気の毒な気がするんです。

林　眞子さまは美智子さまにとって初孫でいらっしゃるし、その成長を心から喜んでおられたでしょう。まさかこんなかたちで皇室から送り出すことになろうとは。

御厨　そうですね。そもそも現在の皇室のかたちを作り上げたのは、現在の上皇さまであり、それを支えた美智子さまなんです。戦争の影を引き摺っていた皇室像を、あのご夫婦が一変させた。すべては六十年前の明仁皇太子と美智子妃の結婚から始まったのです。

林　「ミッチーブーム」ですね。

御厨　そう、一九五九年のことです。以来六十年余にわたって、その皇室像がこの国に浸透していった。当時、政治学者の松下圭一は「大衆天皇制論」という論文を発表し、天皇に対する国民の価値観の一変を看破しています（『中央公論』一九五九年四月号）。当時はまだ戦争の記憶から天皇へのわだかまりが国民に残っていました。そこに旧皇族や旧華族と何の縁もない民間人である美智子さまが入っていき、メディアを通じてそのご様子が発信されることで、皇室は大衆に開かれ、支持されていったのです。

美智子さまは最上の〝アクトレス〟

林　「大衆天皇制」ですか。私が美智子さまのご成婚パレードを見たのは保育園児のときでしたが、いまでも脳裏に焼きついています。近くの電器屋さんの店先のテレビで、近所の人みんなで見たなあ。

御厨　テニスコートの恋を実らせたお二人のシンデレラ・ストーリーに、国民は新しい皇室の風を感じました。中流家庭の理想像を見るようになり、皇室は神聖不可侵なものではなく、大衆にとっての「スター」になったわけです。松下は論文でこう書いています。〈皇太子はスキーでころんだり、テニスをやっても女の子に負けてしまう。それに恋すらするではないか。このような皇室をかこむ雰囲気の変化は、憲法上の天皇の地位の変化以上に重要である。いわば今日、皇室は大衆によって敬愛されるスターの聖家族となったのである〉（「大衆天皇制論」）

林　なるほど。たしかに皇室はずっと、日本人にとっての「理想の家族」でしたよね。

御厨　その中心にいたのが、美智子さまです。美智子さまは、皇室における最良かつ最上の〝アクトレス〟ですよ。表現力と国民を感激させる力は類を見ない。

林　女優ですか。

御厨　はい。美智子さまの動向はテレビや週刊誌を通じて大衆に消費されていきました。戦前の「絶対天皇制」が臣民の皇室に対する「畏怖」を支配の基盤としたのに対し、戦後の「大衆天皇制」は皇室への「親愛」の情に支えられる。この松下の指摘は正しいと思います。

林　私もテレビで観た美智子さまが本当に美しくて、この方が日本の皇室にいて下さって本当によかったなんて、心から思います。

御厨　それが昭和から平成をまたいで令和へ来て、今や大衆が天皇制そのものを無視している。大衆天皇制という考え方が全く以て崩壊してしまっているんですよ。

林　眞子さまもスターとして注目されることに辟易《へきえき》していたんじゃないでしょうか。「結婚して早く皇室から出たい」とおっしゃっているという報道もありました。私は以前、別の宮さまの女王さまにお目にかかったことがあるのですが、外出や食事はもちろん、いついかなるときもSPの方が付いていて、デートのときもこんなのじゃ大変だろうな、なんて思いました。

「私たちの税金」と叫ぶ大衆

御厨　眞子さまの問題で我々が思い知らされた、この「大衆天皇制の崩壊」という事態をどう受け止め、今後の天皇制の在り方をどう考えていくべきか。問題はこれに尽きると思うんですよ。

林　そうなんですね。「大衆」ということで言うと、ネットなんかを見ていると、「私たちの税金で生活している人が、どうしてこんなに勝手なことをしているんだ」という声をよく目にします。私の世代だとそんな発想が浮かぶことすらないから空恐ろしくなりますが、皇室に対してこういう意見が平然と交わされるというのは、かなり危険なことじゃないかなと思ってしまいます。

御厨　ミッチーブームの頃はそうした声がかき消されるほどに皇室の人気は高かった。みなが美智子さまの真似をして軽井沢でテニスをしたり、ご一家に憧憬の念を抱くばかりでした。理想の家族としての皇室像は、現在の天皇である皇太子ご一家や秋篠宮家など宮家にも伝播していきました。

林　実は私、今日は軽井沢から東京に戻ってきたんです。昨日は一泊だけ万平ホテルに泊まりました。

御厨　皇室ゆかりのホテルですね。

林　それで思い出したのは、まだ二歳にならない眞子さまと秋篠宮ご夫妻が万平ホテルを訪れていたときの映像です。九三年頃だと思います。ホテルで飼われていた大きなゴールデンレトリバーが、紀子さまに抱っこされた眞子さまに飛びかかったあの有名なシーン。紀子さまは「あら、お友達になりたいのね」なんて微笑んでいらして、本当に素敵なお母さんだった。眞子さまも自分より体の大きいゴールデンレトリバーに怖がらないで餌をあげたりして、あっという間に仲良くなっていく様子がテレビで流されました。

御厨　あれこそまさに国民に開かれた皇族の姿でした。九三年といえば、現在の天皇陛下が雅子皇后と結婚したときのフィーバーぶりも凄かった。ご成婚パレードでは沿道に国民が押し寄せました。三十年前も大衆天皇制は存続していたのです。新しいプリンセスがその都度、華やかに取り上げられましたが、中心には美智子さまの存在があり、彼女たちはそのビヘイビアを真似ていたのです。そういった意味でも美智子さまの図抜けた才能は余人を以て代えがたいものだった。それを令和になった今、我々は実感しているというわけです。

今こそ美智子さまのお言葉を

林　私は眞子さまのご結婚についても、美智子さまの言葉で国民感情は一件落着するのではないかと思うんです。「今回のことはこういうことだから、私が叱っておきましたから、許してやってください。今後は悠仁を盛り立てて、一同心を合わせます」とか。御厨先生、今度美智子さまに会われた時にぜひご提案していただければと思うんです。

御厨　ハハハ。

林　それにしても、秋篠宮家へのバッシングの声が大きくなるにつれ、お兄さまである天皇家の存在感が増しているように見えます。この前の東京オリンピックの開会式でも、陛下のご様子が本当に楽しげで優しげで、いらっしゃるだけで心が癒されると珍しくネット上も称賛の声ばかりでした。

御厨　伝統的に申し上げても、日本の天皇家というのは長子相続で、代々長男が皇太子となって継いできました。「次男」という存在が天皇制に関わると、いろいろやっかいな問題が起きたりもしていたのです。たいてい次男というのはやんちゃなもので。昭和天皇の弟君であられた秩父宮さまも二・二六事件の際、軍部との近さが問題になったことがありました。秋篠宮さまは子供たちへの教育ひとつとってもかなり自由ですよね。きちんとお務めになる長男と、その姿を横目に羽目を外す次男、というのは珍しくない構図です。

林　秋篠宮ご夫妻はよく、「子供たちに任せている」とおっしゃいますね。娘たちの大学も皇族が代々通われる学習院ではなく、国際基督教大学を選ばれて。学習院に入れられていれば、いまのような問題は起きなかったような気が……。

御厨　そうでしょうね。

林　それに、いまさら言っても詮《せん》ないことですが、眞子さまにはしかるべき人が相応《ふさわ》しいご結婚相手をご紹介すべきだったのではと、やっぱり思ってしまうのです。たとえば紀宮さま（黒田清子さん）と結婚した黒田慶樹さんなんて、いかにも朴訥《ぼくとつ》とした好青年でした。一般家庭の出で大金持ちではなかったかもしれませんが、誠実そうで、秋篠宮さまの同級生というご縁がありました。三笠宮家の容子《まさこ》さまは裏千家の家元に嫁がれましたし、昭和天皇の第五皇女で「おスタちゃん」と呼ばれた清宮《すがのみや》さま（島津貴子さん）も、結婚直前の誕生日会見で「私の選んだ人を見てください」なんておっしゃっていたけれど、島津家に嫁いだ。つまり、たった半世紀さかのぼれば、みなさんちゃんとしかるべきお家に嫁がれていたんです。

〝愛子天皇〟は可能か

御厨　最近は、結婚が「家」同士のものという考え方そのものが薄れてきていますからね。

林　旧家と呼ばれる家の方々であっても、「本人の好きな人と結婚するのはしょうがない。毎年ちょっとお墓参りに行ってくれさえすればいいよ」といった具合で、親世代も諦めている節があると聞きます。

御厨　その流れが天皇家にもスライドしているということでしょう。ただ大前提として、天皇制は家と家との結婚で維持されてきた歴史がある。それがいつしか、自由恋愛であるとか、個人の自由を重んじるような風潮が出てきた。眞子さまもそうですが、妹の佳子さまも「姉の一個人としての希望がかなう形に」とコメントしています。一個人である前に、公的な立場であるという意識が少し欠けているのかもしれません。

林　やはり眞子さまや佳子さまの自由なふるまいを目にすると、皇族然として正道を行かれる愛子さまのお姿に好感を抱く国民はかなり多いと思うんです。聡明で、お人柄もすばらしいというお話も洩れ伝わってきます。本当は東大を狙えるほどの学力なのに、お立場を考えて学習院に進まれているとか。ここにひとつの救いがある気がします。

御厨　そうですね。愛子さまに関しては、いっとき不登校などという報道もありましたが、いまやすっかり国民から愛されている印象です。となると、ここで出てくるのが、「女性天皇でもいいじゃないか」という問題。ただ、これがなかなか難しい。今、政府の新たな有識者会議で検討していますが、おそらく決定的な結論は出せないと思います。

林　素人考えで申し訳ないですが、皇室典範というのはそんなに変えるのが難しいのですか？

御厨　難しいのでなく、みんなが難しく考えているんです。現在の皇室典範は一九四七年、日本国憲法とともに施行されましたが、明治につくられた旧皇室典範と同じく皇位継承は男系男子に限り、直系長子優先と定めるなど骨格は変わらなかった。女性皇族の皇位継承権を認めなかったのです。専門家でさえ「不磨の大典」、つまり擦り減らないほどすばらしく、翻《ひるがえ》って改正が困難だと考えているんですね。

林　皇室典範が改正されて〝愛子天皇〟をお迎えできるのが一番いいような気がするのですが。

御厨　それがまた難しいところで、「具体的な事例を普遍的な法律に落とし込むことはできない」というのが法律論の原則なんです。

林　つまり〝愛子天皇〟ありきで法律を変えることはできない、と。

御厨　そういうことです。専門家の多くはそこを苦慮しています。

――天皇制は家と家との結婚で維持されてきた歴史だという話が出ましたが、林さんの新刊『李王家の縁談』（小社刊）は、今回の事態を予言しているような内容ですね。

御厨　私も本誌に連載されているのを拝読して驚きましたよ。

林　ありがとうございます。構想は五年前からありましたが、まさか現実がこんな展開になるとは。

皇族の結婚はお国のために

――皇室（梨本宮家）に嫁いだ実在の人物、伊都子《いつこ》という女性が主人公ですが、彼女は娘の結婚に際して自身の結婚観をこう披瀝《ひれき》します。〈好きな者同士が結ばれるのが幸せ、などというのは、何も持たぬ庶民の価値観だ。天皇家のすぐ下にいる皇族の結婚は、最終的にはお国のためにあらねばならぬ〉。この一節など、非常に示唆的です。

御厨　身分をまたいだ伊都子はいわば、天皇制のマージナルなところにいた。だからこそ天皇と皇族ということについて人一倍考え、理想形を追い求めたのでしょう。ただ、このような世界はつい半世紀ほど前まではたしかに存在していました。

しかし現代においてこれは皇族の矜持《きょうじ》に任せる問題ではありません。眞子さまの結婚でもはっきりしましたが、これは国民の問題であり政治の問題です。私はときの首相が自ら火中の栗を拾い、国民的議論を促すべきだと考えます。みんなで黙り込んでいるから知恵が出ない。議論すれば、たとえ結論に直結しなくても知恵が出てくるものです。

林　世代を超えて議論をしなければ、皇室の有り難みについても若者たちと共有できませんよね。もともと、日本の皇室の存在感というのは圧倒的です。イギリスの王室とよく比較されますけど、皇室はもともと神さまを先祖に持つと言われていて、成り立ちからして他の国とはまったく違う。

美智子さまが「まあ、真理子さん」

御厨　その通りです。天皇陛下が存在するだけで、各国への影響は非常に大きいのです。海外から要人が来たときに、「誰に会いたいか？」と問われれば、首相でなく、口を揃えて「天皇陛下」と言う。宮中晩餐会や園遊会などに招かれた人々はみな不思議と心豊かになって、「ああ、お目にかかれて本当によかった」となるわけです。

林　以前、園遊会にお呼ばれしたことがありました。前を通られた美智子さまが私の顔をご覧になって、「まあ、真理子さんじゃない。きれいなお着物で。よくいらしてくださったわね」なんて話しかけてくださったんです。本当に生きていてよかったと思いましたよ。

御厨　そのいわく言い難い、皇室に存在する「豊かさ」のようなもの。それに触れて、感じる人を増やさなければいけません。

林　若い人が天皇家の歴史や存在の意義を知らない、ということもありますよね。

御厨　それは私たち世代の怠慢でもあると思います。私は大学で政治学や政治史を教えていますが、戦犯問題などもあってあまり深く議論せずにきてしまいました。憲法学なんかもそうです。天皇の存在というのは大日本帝国憲法でも、今の日本国憲法でも、一番最初に出てくるんですよ。けれども大日本帝国憲法については講義しないし、日本国憲法については人権条項とか平和条項とかの方が大事だからといって、天皇条項についてはこれまたあんまり議論しないで来ちゃった。だから大学でも「統治の王」としての天皇の存在ということをまっとうにやってない。ある時期から僕は「これはもうちょっとちゃんとやっておくべきだったかな」と、自ら反省しています。

林　ああ、そうなのですね。国文学の世界でも天皇研究となると、少しマニアックな扱い方をされてしまいます。あくまで学者の研究対象、と隅に追いやられてしまって、「いまを生きる天皇」という視点が欠けてしまうのでしょう。

御厨　国民と皇室を近づけるという意味では、いま政府は皇居をはじめ皇室関連施設を少しずつ国民に開放しようとしています。すでに乾《いぬい》通りの期間限定公開などは実施されていますが、皇居内を国民に見せる、皇居前広場をもっと開く、といったことです。これらは実は菅（義偉）前首相によるものなんです。この問題に関してはいろいろな省庁が関係していますから、みんな嫌がって進まないのですが、菅さんが官房長官時代に推し進めました。

林　意外ですね。

神風頼みの安倍元首相

御厨　彼はイデオロギーがないなんて言われますけど、その分だけ実務に長《た》けていますから。ただ、ああいう場を民間に貸すとなると、「右」の方々が黙ってないんです。私のところにも「けしからん。おやめなさい」という声が寄せられました。

林　まあ、そうなんですか。有識者会議をなさっていたときも伝統主義の人たちからかなり強い意見が寄せられたそうですね。

御厨　今回の総裁選でもそうですよね。ほとんどが「男系男子派」。結局は安倍晋三さんの意向が現在でも強く働いているんだなというのがよく分かります。

林　今でも安倍さんの意向がそんなに強く反映されているのですか。

御厨　そう思います。有識者会議のときに安倍さんに聞いたんです。「女系天皇についてどうお考えですか？」と。すると、「自分はやはり男系を推す」と。私が「だけど男系を守るには人数も少ないし、旧皇族の皇籍復帰もなかなか難しいでしょう」と言うと、「いやいや、そんなことはない。とにかく日本の天皇制というのは男系で繋がれてきたことに意味がある。いまの天皇から繋いでいけば四十年はもつ。日本にはいざというときに〝神風〟が吹くのだから大丈夫だ」と。私はただ圧倒されましたよ。

林　まあ、神風！　きっと安倍さんの頭のなかには、皇族がご結婚されればすぐに元気な男の子が四人くらい生まれるとか、楽観的なことばかりあるのでしょうね。

御厨　彼の政治運営というのは、基本的に全部楽観的ですから。

林　神風で思い出すのは、紀子さまがご懐妊されたときのことです。国会で女系天皇について論議していたときに当時の小泉純一郎首相がメモを手渡され、さっと一読するや固まってしまったんですよね。しかものちに男の子であることがわかって論議の流れが一気に変わりました。安倍さんからすればあれも神風なのでしょうね。

御厨　まさにそうでしょう。あのとき、有識者会議を経て国会に提出されるはずだった「皇位継承は男女問わず、長子優先」という結論に基づく皇室典範の改正案は、悠仁さまがお生まれになってお蔵入りとなりました。あれから十五年、今でも問題はまったく解決していません。

皇室「賢人会議」を

御厨　もう一つ考えなければならないのは、眞子さまの一件のようになにか問題が起きたとき、きちんと対処する機構や仕組みが作られていないこと。宮内庁があるじゃないかと言われるかもしれませんが、彼らはいわば、官僚人事によって自動的にやって来たにすぎません。なんらかの考えを持って「天皇制をこう維持していくのだ」と、皇室を導く機関ではないんです。眞子さまの問題は宮内庁長官が対応していますが、すべて後追いです。婚約、トラブル、いろいろと既成事実が出てくれば、なんとか時間を稼ぎながら結局容認していくだけです。

林　東宮教育参与として、いまの上皇さまの教育係を務められた小泉信三先生のように皇族に物申せる方はもういらっしゃらないのですね。ここは御厨先生のような方に皇室のなかに深く入ってもらって、お一人お一人とお話ししていただくほかないのではないでしょうか。

御厨　いやいや、私なんかとても（笑）。でも、そういう立場になる方を積極的に探すのも手です。例えば皇室関連の有識者会議だって、何度もできていますけれども、問題はそこにどういう人を集めるか、ですから。小泉首相の時には幅広く十人の有識者を集めたと思います。ただ、有識者会議もだんだん人数が少なくなっていっちゃって、われわれの会議の時にはもう五、六人でした。まずはそこをもっと強化しないといけない。昔で言うと枢密院や貴族院みたいな感じで、十人か十五人ぐらいの賢者を集めた「賢人会議」みたいなものを作るという必要はあるんじゃないでしょうか。

林　なるほど。賢人会議ですね。いろんな仕事をしている方とか、若者に向けて発信をしている方なんかも、その中に入れてほしいです。そうした盤石《ばんじゃく》のバックアップを受けて、皇室にはいつまでも親愛と憧憬を一身に集める存在でいてほしいものです。東日本大震災のときには、当時の天皇陛下が皇居からビデオメッセージというかたちで語りかけてください ました。あのおことばで私たちが、どれだけ勇気づけられたか。あれからまだ十年しか経っていないのですからね。

眞子さまが皇室を出て得たものとは何か

本郷恵子（東京大学史料編纂所所長）

眞子さまが、自由恋愛を成就させて入籍し、ニューヨークで新生活を始められた（結婚後は「眞子さん」と呼び方が変わるが、煩雑なので本稿では「眞子さま」で統一する）。何をおいても強調しておかなければならないのは、眞子さまの意志の強さである。ご両親の反対に挫けず、恋人と直接会うこともかなわないまま長い時間を耐え、一時金も辞退して、とうとう結婚を実現させた。それが良い判断だったのかどうかはわからない。快挙となるか、暴挙に終わるかは、これからのお二人次第だ。だが、どんな展開が待っているにしても、四年間かけて意志を貫き通した事実には敬意を表したい。皇室という特殊な環境で大切に守られて育ったお嬢さまにとって、世界全体を敵に回して孤軍奮闘した年月だったのだろう。批判すべき点も多いだろうし、もっとスマートなやり方があったかもしれないが、それらを差し引いてもなお、二十代の女性の不屈の志（強情とか頑固とか、あるいは独善的と言い換えられるものだったとしても）には心を動かされる。同時に、痛々しく思われてならない。

　私がいうまでもなく、現在の皇室は継承の危機に直面している。天皇の次世代の男子は秋篠宮家の悠仁親王お一人。皇室典範に従って、女性皇族が結婚とともに皇籍を離れていけば、皇室の規模は縮小する一方である。なんらかの方策を講じて女性皇族の流出を喰い止めようとしていた矢先に、眞子さまの婚約が報じられた。そしてお相手の小室圭氏とその母上の抱える金銭問題は、「女性皇族の配偶者」についての不信感を一気に高めたのである。

ヘンリー王子とは逆の道をたどった

　日本の皇室とよく比較されるのは、イギリス王室だろう。ウィリアム王子はいずれ国王になるのだろうが、その弟のヘンリー王子が迷走しているのはご存知の通りだ。少年時代のヘンリー王子の王位継承順位は、父のチャールズ皇太子、兄に次いで第三位。だが、兄が結婚して子供が生まれるたびに、その順位は下がっていき、現在では第六位である。自分が次第に周縁に追いやられていくのは複雑であろう。順位と関係なく、王族の公務を維持するうえでヘンリー王子の役割は大きく、彼の離脱は英王室にとって大きな打撃だったにちがいない。ただ、王室の直系長子たちが揺るぎない地位を持っているのに比べ、弟妹たちの身の処し方が難しいのは確かである。

秋篠宮家の場合は、ヘンリー王子とは逆の道をたどった。秋篠宮の結婚は、兄の現天皇に先んじるもので、婚約の内定が昭和天皇の喪中だったこともあって、当時は「お兄様をさしおいて」と批判的な声が高かった。また紀子妃が一九九四年に第二子の佳子さまを出産された際には、秋篠宮が「女の子でよかった」と言われたと伝えられている。当時、現天皇ご夫妻はまだお子様に恵まれていなかったので、仮に男子が生まれていたら、またも「皇太子ご夫妻をさしおいて」、ひいては「皇位を狙っているのではないか」などの中傷を受けそうだと思われたのだろう。万事、兄に遠慮せねばならぬ立場だったのだ。そのころは、ご自分が皇嗣と呼ばれることになるとは予想していなかったろうし、女性宮家などという発想も影も形もなかった。

ところが、愛子さまご誕生後、現天皇のもとに男子が望めないという事態に立ち至った。二〇〇三年には、湯浅利夫宮内庁長官が、記者会見で「秋篠宮家に、三人目のお子様を強く希望したい」と述べている。もちろん男子誕生を願ってのことだ。紀子妃はみごとにこれに応え、二〇〇六年九月に悠仁親王が誕生した。十二年ぶりの出産が無事に果たされたのはめでたい限りだが、皇室史上はじめての帝王切開で、母体への負担は大きかったであろう。

悠仁親王誕生によって、秋篠宮家の位置づけは大きく変化した。紀子妃懐妊の少し前の二〇〇五年十一月、小泉純一郎首相が設置した「皇室典範に関する有識者会議」が、皇位継承資格を女子・女系に拡大し、皇位継承の安定をはかることを提言する報告書を公表していた。皇室典範を改正して、愛子天皇を実現する可能性が探られていたわけで、秋篠宮は依然として気楽な次男坊の立場だった。だが悠仁親王の誕生で、現天皇、秋篠宮、悠仁親王の順での男系男子継承の見通しが生まれ、女性天皇の議論は封じられた。秋篠宮家は、二人の天皇候補者を擁する宮家となり、秋篠宮自身も生き方の転換を迫られることになった。紀子妃、眞子・佳子両内親王も、これまでとは異なる自覚を持ち、それを実践しなければならなくなったのである。

橋田壽賀子ドラマの世界

しかし政府の行政機関の長が、公式の場で「男子を生んでもらいたい」と述べるのはいかがなものか？　一般的な状況下では、きわめて不適切な発言として問題になるところだ。

しかし皇室に限っては、どうしても各人のプライバシーや身体的な事情などが話題にあがってしまう。なんといっても日本国憲法に「皇位は、世襲のものであつて、国会の議決した皇室典範の定めるところにより、これを継承する」と記され、「皇室典範」には男系男子による継承がうたわれている。天皇が世襲で継承される以上、上は総理大臣から、下は一般国民の世間話にいたるまで、あとつぎ問題への言及を止めるわけにはいかない。スムーズにお世継ぎが生まれれば、この問題は表面化せず、男子誕生が寿《ことほ》がれることだろう。それがかなわない場合に、皇室メンバーを追い詰めたり、その人生を大きく変えたりしてしまうような声が、あちこちからあがってくるのである。（身体的な事情という点では、二〇一六年に平成の天皇が、高齢による退位の希望を表明されたことも、同様に理解できる。年老いた自分の父親が、高齢ゆえの問題を、テレビを通じて説明しなければ引退が許されないとしたらどうだろう？）

　秋篠宮家については、結婚当初の批判的な圧力が、十年余の後には男子誕生を期待する声に変わったわけだ。なんと勝手な――とあきれてしまう。しかしながら、この手の変節は家族・親族のあいだではおこりがちだ。進路や結婚に関して、出産や子育ての方針をめぐっての親子の対立、嫁・姑の確執の場面で、このような勝手な言い分が堂々と主張されることは多い。まさに橋田壽賀子ドラマの世界である。その場の状況のみに照らせば（百歩譲って）理屈が通っているように思えるが、過去も含めて総合的な文脈をたどると、ひどく矛盾しているというケースである。家族・血縁という遠慮のなさ、その場限りの無責任な放言は、言った方は忘れてしまうのだろうが、言われた側の傷は大きい。

一億総小姑、あるいは遠縁のおばちゃん？

周囲がかまびすしい中、秋篠宮家は順調であった。二十代半ばでの結婚、ほどなく二女を授かり、さらに皇室としては四十一年ぶりに男子を得る。皇族の結婚はますます難しいといわれるなか、眞子内親王が大学の同級生と交際を深め、婚約内定会見を行う。秋篠宮家は不可能を可能にする――と、私は思っていた。

　その神通力がついに効かなくなったのが、眞子さまの結婚である。メディアがこぞって眞子さまのお相手を取材した結果、小室家の抱える金銭問題が表面化し、結婚への道程は混迷し、結局四年の年月が費やされることになった。その際にあらわれたのが「一億総小姑」と呼ばれる現象だ（以下、「小姑」「おばちゃん」などの言葉を比喩的に使うが、女性ばかりでなく男性も同様であることは、さきの宮内庁長官の発言であきらかである）。テレビのワイドショーや週刊誌、ツイッターやインターネットニュースなどに、小室氏に関するネガティブな情報が次々と流され、この結婚に批判的な意見が溢れた。たしかに結婚は個人の自由であり、他人がとやかくいうのは筋違いだ。ただ私も含めて、眞子さまの結婚に反対する人々の多くは攻撃しているつもりはなく、文字通り心配しているのだと思う。小姑というよりも、遠縁のちょっとお節介なおばちゃんが、幼いころから知っている箱入り娘の結婚を案じているような距離感だ。

　大日本帝国時代の国民は、天皇の赤子《せきし》と位置づけられていた。天皇を父、国民を子として、国家を家族になぞらえたのである。家族は合理的な互酬関係だけでは説明できず、情緒的な一体感や無償の絆によって成立している。「滅私奉公」をスローガンに、日本は戦争に邁進した。今日では、この家族観が逆転しているのではなかろうか。主体は天皇から国民に移り、国民の方が皇室のメンバーを遠縁の親族のように感じている。だからこそ多くの人が、皇室のかなり立ち入った問題に踏み込み、余計なお世話かもしれない意見や希望を述べてまわるのである。

誹謗中傷の行方

眞子さまの結婚問題が長期にわたってこじれ、その主たる理由が金銭問題だったことで、皇族の結婚に関わる金銭事情が詳細に報道された。皇籍を離れた後も、しかるべき品位を保つために支給される一億円以上の一時金や、眞子さまが高額の貯金を持っていて、結婚後の生活費に充《あ》てられるはずだなどの情報である。結婚一時金は、これまでも女性皇族の結婚の際に話題にのぼることはあったが、今回のように受け取るか否かの問題に発展したことはない。また後者については、皇室メンバーそれぞれに一定額の皇族費が支給されているのは事実だが、それがすべて貯金されているのかどうかは確かめようがない。こちらは全くの憶測というべきだろう。これらの原資は税金だから、その使途について国民がもの申すのは当然の権利だとして、かなり強く非難する声もあったと思う。

一方、さまざまな報道に対して、小室夫妻の結婚会見や書面での回答には「誹謗中傷」という強い言葉が用いられた。しかも、これまでの経緯については、すべて眞子さまが主導していたというから、「誹謗中傷」も眞子さまが選んだ表現だったのだろう。そう述べざるをえないほど追い詰められた年月だったのかと、眞子さまの行く末を案じるおばちゃんとしては気の毒でならない。たしかに報道の行き過ぎはあっただろう。だが、おばちゃんの善意がそれとひとしなみに否定されるのは悲しい。この言葉は、多くの人の心を皇室から遠ざけたであろう。

眞子さまの結婚問題を通じて、皇室と世間や国民との関係・距離感は大きく変わったといえる。皇族の結婚にあたっての金銭の流れなど（警備費や新家庭の家賃まで）、粛々と進められるはずの案件が深追いされ、皇室の側からは、世間に対する反論や批判が公式に発せられた。微妙な親和性のうちに成立していたバランスは崩れ、おそらくもとに戻ることは難しい。どちらが主導権をとるかはわからないが、皇室と国民とは、新しい関係性を模索しなければならないだろう。

「道理の中の僻事、僻事の中の道理」

金銭トラブルについて公表された文書にあらわれている通り、小室氏と眞子さまは「正しさ」を重視しているようだ。「正しさ」以外の価値観を排除しているようにも見える。

ただ、私は日本中世史の研究者として、鎌倉幕府の要人であった北条重時（一一九八〜一二六一）の家訓の中の言葉をお知らせしておきたいと思う。「道理の中の僻事《ひがごと》、僻事の中の道理」というものだ。「僻事」とは「間違ったこと」を意味する。重時によれば、「道理の中の僻事」とは、自分のほうに理があるのは明らかだが、自分にとっては深刻な案件ではなく、相手にとっては生涯が左右されるほどの重みがあるという場合に、自分の側の理を通そうとするのは間違っているという意味だ。逆に、相手の命がかかっているような案件であれば、黙って道理を曲げて、相手を救ってやるのが「僻事の中の道理」である。このように心得て、世をも民をも助けようと励めば、助けられた者の喜びは大きく、周囲の人々も慕ってくれるのだという。重時は、権力抗争の激しい鎌倉幕府において、一貫して北条氏嫡流を支えた。兄の泰時が定めた「御《ご》成敗式目《せいばいしきもく》」にのっとり、法と道理による政治を推進したが、一方で、法や道理だけでは掬《すく》いきれない人の世の奥深さを痛感していたのだろう。

もちろん眞子さまにとって、結婚は「生きていくために必要な選択」であって、自分たちの道理を通す以外の選択肢はなかったのかもしれない。だが、少しだけ後ろに下がってみたら、ちがう風景が見えただろう。対立する相手の側の「道理」を慮ることができたら、ちがう道が開けたかもしれない。象徴天皇のもとでの皇族の役割は、まさに政治や経済が叫ぶ「道理」から漏れてしまう人々に寄り添い、慈しむことにあるのだから。

自由だって難儀である

私は現在の皇室に特別な関心を持っているわけではなかったのだが、この四年間で、皇族の生活について、さまざまな知識を得た。皇族はパスポート（一般旅券）を持たないというのも、その一つである。海外渡航の場合には、宮内庁を通じて外務省に申請し、外交旅券を発行してもらうことになっているそうだ。成人した女性が、行動の自由を制限され、皇族であるという以外の身分を証明する手段を持たないという事実には、あらためて驚いた。また仮に離婚することになったとしても、眞子さまは、皇室に戻ることはできないし、名乗るべき姓も持たなくなってしまうという。眞子さまは自由を得るために、引き返すことのできない選択をした。戦前であれば、皇室の藩屏《はんぺい》として華族というグループがあったが、今日では皇室を出れば中間地帯はなく、皇族と一般人とのあいだの懸隔は大きい。

そうまでして手に入れた自由は、眞子さまの目にどのように映るのだろうか。一般人を長くやっている身としては、自由だってそこそこ難儀である。失敗する権利があるところが素晴らしく、そこから自力で回復しなければならないところがチャレンジングでわくわくするといったところだろうか。いつか、皇室を出て得たものについて、眞子さまが語ってくれたらと思う。

複雑化を避けシンプルな制度を

これを書いている間に、愛子さまが成人され、「安定的な皇位継承についての有識者会議」の報告書がまとめられた。その大綱は以下のとおりである。①今上天皇・秋篠宮・悠仁親王という現行の皇位継承の流れは動かさず、その後の継承については、悠仁親王の年齢や結婚をめぐる状況を踏まえて議論を深める、②内親王・女王が婚姻後も皇族の身分を保持することとする、③皇族には認められていない養子縁組を可能とし、皇統に属する男系の男子を皇族とする。さらに、女性皇族の配偶者は皇族とせず、その子も皇位継承資格は持たない、養子による男性皇族も皇位継承資格は持たないことにするのだという。

この案が実現すれば、たしかに皇族数は増えるが、皇位継承者数が増えるわけではない。次世代の皇位継承者の確保が、一に悠仁親王の結婚にかかっているという綱渡り的な状況は変わらない。そのうえ女性皇族の家庭は、皇族の妻と一般国民である夫と子どもという複雑な構成になり、養子案のほうも、実現までにはひと波乱ありそうだ。不幸な皇族が増えるだけの結果にならないことを願う。

最も問題なのは、右記の方策が、末永い皇位継承の安定化を支える内容になっていないことだ。複雑化を避け、誰にでもわかりやすいシンプルな制度をめざすことこそが重要ではなかろうか。これ以上時間をかけていると、皇室メンバーおよびメンバー候補者の履歴や資質・能力等について、不要な詮索や比較が行われることになりかねない。その愚かさは、眞子さまの件で骨身に沁みているはずだ。

「安定的な皇位継承」の危機は、天皇や皇室について再考するための、天与の好機である。そして眞子さまの四年間は、身を挺しての問題提起だった。秋篠宮家だけでなく、すべての皇室メンバーにとって、傷つき悩んだ四年間であっただろう。そのようにして差し出された機会を生かせるか否かが、皇室を抱く国民である私たちに問われている。天皇制について勇気ある決断をすることができれば、それは歴史に残る決断となり、グローバル化の奔流のなかで、私たちが「国家」や「母国」を考える上での大きな自信を与えてくれることだろう。

秋篠宮家と小室家　年表

平成二十九年（二〇一七年）	五月十六日	ＮＨＫが秋篠宮家の長女眞子さまと小室圭さんの婚約内定をスクープ
	九月三日	眞子さまと小室圭さんの婚約内定会見
	十二月十二日	『週刊女性』（十二月二十六日号）が、小室佳代さんと元婚約者との金銭問題を報道
平成三十年（二〇一八年）	二月六日	宮内庁が納采の儀を二〇二〇年に延期することを公表
	八月七日	小室圭さんがフォーダム大学ロースクールに留学のため渡米
	十一月三十日	秋篠宮が誕生日会見で「多くの人が納得し喜んでくれる状況にならなければ、いわゆる婚約に当たる納采の儀というのを行うことはできません」とご発言

平成三十一年（二〇一九年）	一月二十二日	小室圭さんが金銭問題について「解決済み」とする文書を公表
	三月二十二日	佳子さまがＩＣＵをご卒業。「姉の一個人としての希望がかなう形になってほしい」と文書で回答
	四月八日	悠仁さま、お茶の水女子大学附属中学校（東京・文京区）に入学
	四月二十六日	中学校で悠仁さまの机に果物ナイフ二本が置かれる事件が起きる（犯人は逮捕）
令和元年（二〇一九年）	五月一日	新天皇即位により令和に改元
令和二年（二〇二〇年）	十一月八日	立皇嗣の礼
	十一月十三日	眞子さまがご結婚についてのお二人のお気持ちを公表。「結婚は、私たちにとって自分たちの心を大切に守りながら生きていくために必要な選択」とする文書を寄せる
令和三年（二〇二一年）	四月八日	小室圭さんが金銭問題の説明文書二十八枚を公表

五月二十三日	小室圭さん、フォーダム大学ロースクール修了
七月	小室圭さん、ニューヨーク州の司法試験を受験
十月一日	宮内庁が、眞子さまが複雑性ＰＴＳＤと診断されていたことを公表
十月二十六日	眞子さまと小室圭さんが渋谷区に婚姻届を提出、結婚会見を開催。渡米まで渋谷区のマンションに滞在
十一月十二日	小室圭さんが母親の元婚約者と面会、解決金を支払うことで金銭問題を解決とすると合意
十一月十四日	小室夫妻がニューヨーク市マンハッタンのヘルズ・キッチンで新生活を始める

初出時のタイトル一覧（出典は全て『文藝春秋』）

第一章　異例の結婚会見

象徴天皇制の「聖」と「俗」　保阪正康（二〇二一年十二月号）

秋篠宮家「秘録」　本誌特別取材班（二〇二一年十二月号）

第二章　婚約内定から結婚延期へ

眞子さま降嫁で皇族が消える日　岩井克己×所功×保阪正康（二〇一七年七月号）

深層取材　眞子さまは結婚をあきらめない　松島康〔友納尚子〕（二〇一八年四月号）

眞子さまは小室圭さんを諦めない　本誌編集部（二〇二〇年二月号）

眞子さまの最後のご挨拶　友納尚子（二〇二一年十一月号）

第三章　小室家の謎

脳科学者が小室圭さんを「分析」する　中野信子（二〇一九年四月号）

小室文書が晒した「眞子さまの危うさ」　江森敬治×片山杜秀×河西秀哉×山口真由（二〇二一年六月号）

紀子さまと小室佳代さん　１９６６年、丙午生まれの私たち　酒井順子（二〇二一年七月号）

第四章　秋篠宮家「自由な子育て」の源流

秋篠宮と眞子さま「冷戦」を超えて　保阪正康（二〇一九年二月号）

川嶋辰彦さんのキス　斎藤智子（二〇二二年一月号）

悠仁さま10歳　秋篠宮家の子育て　江森敬治（二〇一六年十月号）

（右の記事に、『文藝春秋オピニオン　２０２２年の論点１００』（二〇二二年一月、小社刊）の「『思いやりの心が大切』悠仁親王の教育方針」の一部を序文として加えて再編集

しました）

第五章　眞子さんと皇室の未来

眞子さまは不幸になる権利もある　鈴木涼美×三浦瑠麗（二〇二一年二月号）

「大衆天皇制」の崩壊　御厨貴×林真理子（二〇二一年十一月号）

眞子さまが皇室を出て得たものとは何か　本郷恵子（書きおろし）

文春新書

1350

秋篠宮《あきしののみや》家《け》と小《こ》室《むろ》家《け》

2022年2月20日　第1刷発行

編　　者　　文藝春秋
発行者　　大松芳男
発行所　株式会社 文藝春秋

〒102-8008　東京都千代田区紀尾井町 3-23
電話 (03) 3265-1211 (代表)

印刷所　　理想社
付物印刷　大日本印刷
製本所　　大口製本

定価はカバーに表示してあります。
万一、落丁・乱丁の場合は小社製作部宛お送り下さい。
送料小社負担でお取替え致します。

ISBN978-4-16-661350-2

◆日本の歴史

渋沢家三代　佐野眞一
古墳とヤマト政権　白石太一郎
昭和史の論点　坂本多加雄・秦　郁彦・半藤一利・保阪正康
謎の大王　継体天皇　水谷千秋
謎の豪族　蘇我氏　水谷千秋
謎の渡来人　秦氏　水谷千秋
継体天皇と朝鮮半島の謎　水谷千秋
大名の日本地図　中嶋繁雄
決定版　日本の剣豪　中嶋繁雄
あの戦争になぜ負けたのか　半藤一利・保阪正康・中西輝政・戸高一成・福田和也・加藤陽子
日本のいちばん長い夏　半藤一利編
昭和陸海軍の失敗　半藤一利・秦　郁彦・平間洋一・保阪正康・黒野　耐・戸高一成・戸部良一・福田和也
昭和の名将と愚将　半藤一利・保阪正康
徹底検証　日清・日露戦争　半藤一利・秦　郁彦・原　剛・松本健一・戸高一成
日本型リーダーはなぜ失敗するのか　半藤一利
「昭和天皇実録」の謎を解く　半藤一利・保阪正康・御厨　貴・磯田道史

大人のための昭和史入門　半藤一利・船橋洋一・出口治明・水野和夫・佐藤　優・保阪正康他
21世紀の戦争論　半藤一利・佐藤　優
なぜ必敗の戦争を始めたのか　半藤一利
十七歳の硫黄島　秋草鶴次
山県有朋　伊藤之雄
指揮官の決断　早坂　隆
永田鉄山　昭和陸軍「運命の男」　早坂　隆
ペリリュー玉砕　早坂　隆
硫黄島　栗林中将の最期　梯　久美子
日本人の誇り　藤原正彦
天皇陵の謎　矢澤高太郎
児玉誉士夫　巨魁の昭和史　有馬哲夫
伊勢神宮と天皇の謎　武澤秀一
藤原道長の権力と欲望　倉本一宏
江戸の貧民　塩見鮮一郎
戦後の貧民　塩見鮮一郎
日本軍はなぜ満洲大油田を発見できなかったのか　岩瀬　昇
予言者　梅棹忠夫　東谷　暁

火山で読み解く古事記の謎　蒲池明弘
邪馬台国は「朱の王国」だった　蒲池明弘
「馬」が動かした日本史　蒲池明弘
文部省の研究　辻田真佐憲
古関裕而の昭和史　辻田真佐憲
写真で見る日めくり日米開戦・終戦　共同通信編集委員室編
暴かれた伊達政宗「幕府転覆計画」　大泉光一
大日本史　山内昌之・佐藤　優
日本史のツボ　本郷和人
承久の乱　本郷和人
権力の日本史　本郷和人
元号　所　功・久禮旦雄・吉野健一
歴史の余白　浅見雅男
明治天皇はシャンパンがお好き　浅見雅男
皇位継承　高橋　紘・所　功
江戸のいちばん長い日　安藤優一郎
江戸の不動産　安藤優一郎
西郷隆盛と西南戦争を歩く　正亀賢司

姫君たちの明治維新　岩尾光代
日本史の新常識　文藝春秋編
日本プラモデル六〇年史　小林　昇
仏教抹殺　鵜飼秀徳
昭和天皇 最後の侍従日記　小林　忍＋共同通信取材班
令和を生きるための昭和史入門　保阪正康
内閣調査室秘録　志垣民郎 岸　俊光編
木戸幸一　川田　稔
「京都」の誕生　桃崎有一郎
皇国史観　片山杜秀
昭和史がわかるブックガイド　文春新書編
遊王　徳川家斉　岡崎守恭
東條英機　一ノ瀬俊也
信長　空白の百三十日　木下昌輝
感染症の日本史　磯田道史
平安朝の事件簿　繁田信一

◆文学・ことば

翻訳夜話　村上春樹 柴田元幸
翻訳夜話2 サリンジャー戦記　村上春樹 柴田元幸
漢字と日本人　高島俊男
語源でわかった！英単語記憶術　山並陞一
すごい言葉　晴山陽一
危うし！小学校英語　鳥飼玖美子
外交官の「うな重方式」英語勉強法　多賀敏行
名文どろぼう　竹内政明
「編集手帳」の文章術　竹内政明
ビブリオバトル　谷口忠大
新・百人一首　岡井隆・馬場あき子 永田和宏・穂村弘選
劇団四季メソッド「美しい日本語の話し方」　浅利慶太
芥川賞の謎を解く　鵜飼哲夫
司馬遼太郎に日本人を学ぶ　森　史朗
週刊誌記者 近松門左衛門　鳥越文蔵監修 小野幸惠
昭和のことば　鴨下信一
ビジネスエリートの新論語　司馬遼太郎
オッペケペー節と明治　永嶺重敏
世界はジョークで出来ている　早坂　隆
一切なりゆき　樹木希林
天才の思考　鈴木敏夫
いま、幸せかい？　滝口悠生選
英語で味わう万葉集　ピーター・J・マクミラン
歎異抄　救いのことば　釈　徹宗